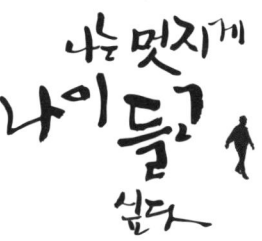

나는 멋지게 나이 들고 싶다

한일동 교수의 세계의 명시 산책 ③

우아하고 활기찬 노년을 위한
인생 길라잡이

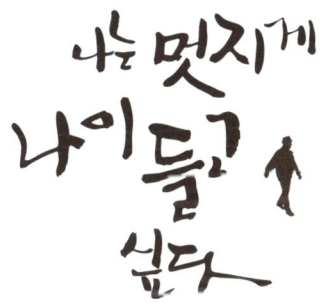

인생의 오후부터 새로운 삶이 시작된다

한일동 편저

도서출판 동인

한때 그토록 찬란했던 광휘가
영원히 사라진들 어떠리.
비록 '초원의 빛'과 '꽃의 영광' 같은 시절은
다시 올 수 없지만,
슬퍼하기보다는 뒤에 남은 것에서
힘을 찾으리.

What though the radiance which was once so bright
Be now for ever taken from my sight,
Though nothing can bring back the hour
Of splendour in the grass, of glory in the flower;
We will grieve not, rather find
Strength in what remains behind; (…)

윌리엄 워즈워스(William Wordsworth)의
「어린 시절을 회상하며 영생불멸을 깨닫는 노래
(Ode: Intimations of Immortality from Recollections
of Early Childhood)」 중에서

책을 열며

　아주 오래전 꿈속에서 예술의 신 뮤즈(Muse)가 시집 한 권을 건네주면서, 인생 여정에서 세상살이가 버겁고 힘들 때면 이 책을 열어보라고 속삭였습니다.
　그 시집 속에는 다양한 주제의 시들이 빼곡히 담겨 있었는데, 살아오면서 길을 잃고 숲속을 헤매거나, 인생의 가시밭길에 쓰러져 피를 흘릴 때 이 책을 열면, 인간 영혼의 원천에서 흘러나온 시들이 삶의 무게로 지친 나의 심신을 위로해 주었습니다.
　어떤 시는 폭풍우와 눈보라 속에서 나를 안내해 준 가이드였고, 어떤 시는 이별·상실·슬픔의 고통으로 허우적거릴 때 나를 달래 준 위로의 목소리였으며, 어떤 시는 절망의 나락에서 나를 구해 준 구원의 손길이었고, 또 어떤 시는 벼락치듯 나를 전율시킨 지혜의 섬광이었습니다.
　네, 그렇습니다. 때로는 한 편의 시가 캄캄한 터널 속에서도 빛과 희망을 주고, 고달픈 인생 여정에서 힘과 용기를 주며, 바쁜 인생길에서 느긋한 쉼터가 되어주고, 외로운 나그네의 지친 영혼을 보듬어주며, 상처받은 마음을 다독여주고, 삶을 되돌아보게 하며, 뜨거운 눈물을 흘리게도 합니다. 그러므로 인간은 누구나 가슴속에 적어도 한 편의 시를 간직하고 살아야 합니다.

시는 짧은 문장으로 긴 여운을 주는 '문학의 정수(精髓)'이자 활자로 구현된 '숏폼(short-form)'으로서, 다양한 해석과 상상의 나래를 펼 수 있도록 '여백의 미'를 제공해 주고, 인생의 맛과 멋을 음미할 수 있게 해주는 '영혼의 목소리'입니다. 그 영혼의 목소리는 늘 우리 곁에서 아름답고 정제된 언어로 속삭이며 노래합니다. 하지만 그 목소리를 듣기 위해서는, 가던 길을 멈추고 귀를 기울여야 합니다. 숨가쁜 일상을 잠시 제쳐두고, 보고, 듣고, 읽고, 생각하는 것이 바로 시입니다.

그러므로 당신이 누구이든, 당신이 어디에서 무엇을 하든, 바쁜 일상에서도 시를 보고, 듣고, 읽고, 생각한다는 것은, '속도 지향적인 문화'와 '과당경쟁'에 저항하는 것이고, '마음을 잃고 방황하는 삶'을 '마음 챙김의 삶'으로 되돌리는 것이며, 고달픈 세상살이로 지친 영혼을 보듬고 다독이는 '치유의 의식(healing ritual)'입니다.

사람의 마음은 정원과 같습니다. 정원은 아름답게 가꿀 수도 있고 멋대로 방치할 수도 있습니다. 그런데 아름다운 정원을 가지려면 가꾸는 법을 배워야 합니다. 좋은 시를 읽는다는 것은 '마음의 뜰'을 가꾸는 일로, '마음의 뜰'은 가꾸면 가꿀수록 아름답습니다. 나는 이 작은 나라에서 '혐오와 분노', '냉신과 불신', '대립과 갈등'으로 각박하고 메마른 '혐오사회·분노사회·피로사회·소진사회'를 살아기는 피폐한 현대인들이, 저마다 마음의 정원을 예쁘게 가꾸면서 영혼이 맑고 고운 정원사의 삶을 살아가길 소망합니다.

40년 동안 몸담았던 대학 강단을 떠나 한 해 한 해 나이를 먹다 보니 '인생의 오후'에 누구나 맞닥뜨리는 '나이 듦', '노년의 삶', '죽음의 문제' 등에 관해 천착하게 되었고, 평소에 생각하고 정리한 사고의 단편들을 새롭게 부상하는 'Grand Generation(GG, 액티브 시니어) 세대'와 공유하고 싶었습니다. 비록 부족하고 설익은 단상(短想)들이지만, '아름다운 익어감의 여정'을 담은 이 책이, 우아하고 활기찬 노년을 준비하고, 멋지게 나이 들고 싶어 하는 이들에게 다소나마 도움이 되었으면 합니다.

그리고 칠레 시인 파블로 네루다(Pablo Neruda)가 "봄이 벚나무에게 하는 것을 나도 너에게 하고 싶어"라고 했듯이, 이 시집(詩集)이 'AI 디지털 시대'를 팍팍하게 살아가는 독자들에게, 마음의 뜰을 가꾸는 계기가 되고, 마음의 뜰을 촉촉이 적시는 단비가 되어, 저마다 마음의 정원에서 아름다운 꽃들을 화사하게 피워내는 길라잡이 역할을 해주길 기대합니다.

바쁜 일상에서도 삶의 지혜가 듬뿍 담긴 시들을 읽고, 선정하고, 번역하는 작업에 취해 살다 보니 힘은 들었지만 아주 행복했습니다. 특히 고심에 고심을 거듭한 끝에, 마음속에 떠오르는 시상(詩想)이 아름다운 언어로 승화되어 세상에 태어날 때면, 크나큰 희열을 느꼈습니다. 이러한 기쁨과 행복을 누릴 수 있도록, 늘 곁에서 내조해 준 아내 혜경이, 응원을 아끼지 않은 아들 성환이와 며늘아기 선영이, 그리고 잠시 꾀병을 부릴라치면 "할비, 열심히 공부해"라며 나를 서재로 몰아넣던 귀염둥이 손자 재영이에게 사랑과 고마운 마음을 전합니다.

끝으로 귀한 시 작품을 인용할 수 있도록 흔쾌히 허락해주신 나태주 작가님, 이채 작가님, 교정과 조언의 수고를 아끼지 않은 김인옥 대표님을 비롯한 수리샘문학회 회원님들, 권보택 교수님, 염혜원 박사님, 성시선 작가님, 그리고 물심양면으로 많은 도움을 주신 도서출판 동인의 이성모 대표님과 편집진 여러분께 깊은 감사를 드립니다.

2025년 화사한 봄날
소석(素石) 한일동

차례　　　　책을 열며 · 7

인생에서 가장 젊은 날, 오늘을 살라

선물 나태주 · 16
축복 도종환 · 22
청춘 사무엘 울만 · 30
초대 오리아 마운틴 드리머 · 37
녹이 슬지 않는 삶 법정 · 45
인간이 범하기 쉬운 네 가지 어리석음 작자 미상 · 52
이 또한 곧 지나가리라 랜터 윌슨 스미스 · 61
희망가 문병란 · 67
중요한 것은 엘렌 바스 · 73
지금 하십시오 찰스 스펴전 · 80
진정한 여행 나짐 히크메트 · 88

나는 멋지게 나이 들고 싶다

어느 가을날의 초상(肖像) 한일동 · 94
나이가 들어간다는 것은 포도주처럼 익어가는 것이다 채환 · 101
여유 윌리엄 헨리 데이비스 · 110
꽃이나 새는 자기 자신을 남과 비교하지 않는다 법정 · 116
금이 간 항아리 작자 미상 · 123

말이 적은 사람 법정·131

마음의 평화 제임스 R. 맨첨·140

미소(微笑) 작자 미상·149

얼굴 반찬 공광규·153

나이가 들수록 혼자가 좋다 채환·159

아름다움의 비결 샘 레벤슨·168

소망 맥스 어만·173

아름다운 마무리

아름다운 마무리 법정·182

목소리 토머스 하디·187

아버지의 눈물 이채·192

어머니 당신을 사랑합니다 한문석·199

세월 작자 미상·205

인생 서산대사·213

나는 배웠다 오마르 워싱턴·222

용서 김수환 추기경·231

아름다운 인생 한일동·237

나의 길 폴 앵카·243

향수(鄕愁) 정지용·252

죽음이 나에게 찾아오는 날은 용혜원·259

참고 문헌·267

시간은 유한하고
인생은 단 한 번뿐이며
세월은 사람을 기다려주지 않는다.
그러므로
춤추라, 아무도 바라보고 있지 않은 것처럼.
사랑하라, 한 번도 상처받지 않은 것처럼.
노래하라, 아무도 듣고 있지 않은 것처럼.
일하라, 돈이 필요하지 않은 것처럼.
살라, 오늘이 마지막 날인 것처럼.

알프레드 디수자(Alfred D'Souza)

인생에서
가장 젊은 날,
오늘을
살라

선물

나태주

나에게 이 세상은 하루하루가 선물입니다.
아침에 일어나 만나는 밝은 햇빛이며 새소리,
맑은 바람이 우선 선물입니다.

문득 푸르른 산 하나 마주했다면 그것도 선물이고
서럽게 서럽게 뱀 꼬리를 흔들며 사라지는
강물을 보았다면 그 또한 선물입니다.

한낮의 햇살 받아 손바닥 뒤집는
잎사귀 넓은 키 큰 나무들도 선물이고
길 가다 발밑에 깔린 이름 없어 가여운
풀꽃들 하나하나도 선물입니다.

무엇보다도 먼저 이 지구가 나에게 가장 큰 선물이고
지구에 와서 만난 당신,
당신이 우선으로 가장 좋은 선물입니다.

저녁 하늘에 붉은 노을이 번진다 해도 부디
마음 아파하거나 너무 섭하게 생각지 마세요.
나 또한 이제는 당신에게
좋은 선물이었으면 합니다.

세상에서 단 하나뿐인 선물, 오늘을 살라

그대가 허투루 보내고 있는 오늘은
어제 이 세상을 떠난 이들이
그토록 살고 싶어 했던 날이다.
그러므로 오늘을 소중히 여기고, 즐겨라.

소포클레스(Sophocles)

하느님께서 베풀어주신 신비의 샘이자 꽃봉오리, 푸른 오늘이 밝았습니다. 오늘은 우리 인생에서 가장 젊은 날이자 최초의 날입니다. 이 세상에 태어나 오늘을 이렇게 다시 맞이할 수 있다는 게 얼마나 큰 축복이고, 선물이며, 감사한 일입니까? 오늘을 새롭게 맞이하지 못하고 어제 이 세상을 떠난 이들이 무수히 많거늘…

오늘을 다시 맞이할 수 있다는 게 얼마나 큰 축복이며, 행복인가!
오늘 다시 깨어나지 못했다면 눈부신 햇살도 볼 수 없고,
사각사각 눈 밟는 소리도 듣지 못할 것이며,
사랑이 깃든 그대의 아름다운 눈빛도 볼 수 없을 것이다.

헨리 데이비드 소로우(Henry David Thoreau)의 『월든(*Walden*)』 중에서

인류 최초로 달에 발을 내디딘 닐 암스트롱(Neil Alden Armstrong)에게 기자가 물었습니다. "달에 가서 무엇을 보고 오셨습니까?" 그러자 암스트롱이 이렇게 대답했습니다. "제가 사는 지구가 참으로 아름답다는 것을 보고 왔습니다." 놀랍지 않습니까? 암스트롱이 달에서 감탄한 것이 달의 경치가 아니라 지구의 멋진 풍광이었다니 말입니다.

네, 그렇습니다. 중요한 것은 이 아름다운 지구에 태어나서, 소중한 당신을 만났고, 오늘을 다시 맞이할 수 있다는 것입니다. 그래서 '지구'와 '당신', 그리고 '오늘'은 하느님께서 우리에게 주신 '최고의 선물'입니다.

> 저렇게 많은 별 중에서 별 하나가 나를 내려다보는 것처럼,
> 이렇게 많은 사람 중에서 내가 그 별 하나를 쳐다보는 것처럼
> 너와 나는 그렇게 만났다.
> 별 하나 나 하나가 그냥 만난 게 아닌 것처럼,
> 너 하나 나 하나도 그냥 만난 게 아닌 것이다.
> 도종환의 『부모와 자녀가 꼭 함께 읽어야 할 시』 중에서

선물은 영어로 'present'라고 하는데, 이는 또한 '현재'라는 뜻이기도 합니다. 도널드 홀(Donald Hall)은 그의 저서 『죽는 것보다 늙는 게 걱정인: 여든 이후에 쓴 시인의 에세이(*Essays after Eighty*)』에서, "젊었을 때는 미래를 살았다. 현재를 견딜 수 없었기 때문이다. 그러나 노년이 된 지금에 와서야 비로소 현재를 산다."고 했으

며, 최명란 시인은 그녀의 시 「자명한 연애론」에서, "오늘은 우리에게 남아 있는 시간 중 가장 젊은 시간"이며, "세상이라는 하늘은 '지금'이라는 별들로 가득 차서 빛난다."고 했습니다.

따라서 우리는 하느님께서 우리 모두에게 공평하게 나눠주신 유일한 '선물-현재'를, '가장 젊은 시간-지금·이 순간'을, 아무리 보내고 싶지 않아도 떠나가는 '오늘'을 찬란하게 빛나는 다이아몬드처럼 강렬하게, 그리고 열정적으로 살아야 합니다(Be Enthusiastic). 왜냐하면 그렇게 사는 것이 시간에 휘둘리지 않고 시간을 지배하는 최선의 방법이며, 늘 푸른 청춘으로 살아갈 수 있는 최상의 비결이기 때문입니다.

다시 말해서 어제도 아니고, 내일도 아니고, '오늘'이 바로 우리에게 주어진 '최고의 선물'이며, '가장 젊은 날'입니다. 그러므로 너무 서두르지도, 너무 걱정하지도 말고, '지금-이 순간' 우리 주변에 흐드러지게 피어있는 꽃들을 만끽하며 오늘을 즐기십시오. 우리가 누려야 할 시간은 바로 '지금'이고, 우리가 머물러야 할 장소는 바로 '여기'입니다. Be Here Now!

> 내일 듣지 못하는 사람이 될 것처럼
> 아름다운 음악을 듣고,
> 내일 냄새를 맡지 못하는 사람이 될 것처럼
> 꽃향기를 맡고,
> 내일 촉각이 마비될 사람처럼
> 사물을 만져보라.

인생에서 두 번은 없다.
인생에서 가장 젊은 날
오늘은 두 번 다시 오지 않는다.
그러므로 세상에서 단 하나뿐인 선물, 오늘을 살라.
카르페 디엠(Carpe Diem, Enjoy the Present)!

헬렌 켈러(Helen Adams Keller)

축복

도종환

이른 봄에 내 곁에 와 피는
봄꽃만 축복이 아니다.
내게 오는 건 다 축복이었다.
고통도 아픔도 축복이었다.

뼈저리게 외롭고 가난하던 어린 날도
내 발을 붙들고 떨어지지 않던
스무 살 무렵의 진흙덩이 같던 절망도
생각해보니 축복이었다.

그 절망 아니었으면
내 뼈가 튼튼하지 않았으리라.
세상이 내 멱살을 잡고 다리를 걸어
길바닥에 팽개치고 어둔 굴속에 가둔 것도
생각해보니 영혼의 담금질이었다.

한 시대가 다 참혹하였거늘
거인 같은, 바위 같은
편견과 어리석음과 탐욕의 방파제에 맞서다
목숨을 잃은 이가 헤아릴 수 없거늘
이렇게 작게라도 물결치며 살아 있는 게
복이 아니고 무엇이랴.

육신에 병이 조금 들었다고
어이 불행이라 말하랴.
내게 오는 건 통증조차도 축복이다.
죽음도 통곡도 축복으로 바꾸며 오지 않았던가.
이 봄
어이 매화꽃만 축복이랴.
내게 오는 건
시련도 비명도 다 축복이다.

젖지 않고 피는 꽃이 어디 있으랴, 살아온 기적이 살아갈 기적이 된다

장미같이 아름다운 꽃에
가시가 있다고 생각하지 말고,
가시가 많은 나무에
장미같이 아름다운 꽃이 피었다고 생각하라.

정호승의 『내 인생에 용기가 되어 준 한마디』 중에서

오래전에 십 대들이 좋아했던 디제이 덕(DJ DOC)의 〈머피의 법칙〉 노래에 이런 가사가 있습니다.

미팅에 나가면
제일 마음에 안 드는 애랑 짝이 되고,
오랜만에 동네 목욕탕에 가면
그날이 바로 정기휴일이고,
꼬질꼬질하고 지저분한 내 모습 들키지 말아야지 하면,
사랑하는 그녀가 어디에선가 꼭 나를 지켜보고 (…)

이처럼 세상일의 대부분은 안 좋은 쪽으로 일어나는 경향이 있

는데, 이를 우리는 '샐리의 법칙(Sally's Law: 모든 일이 좋은 방향으로 흘러가는 것)'의 반대 개념인 '머피의 법칙(Murphy's Law)'이라고 합니다. 모처럼 크게 마음먹고 세차하면 반드시 비가 온다거나, 빵이 떨어져도 항상 버터 바른 면이 바닥으로 떨어진다거나, 무엇을

사기 위해 줄을 서면 꼭 내 앞에서 매진된다거나 하는 등등 말이지요.

한편, 의문과 탄식을 전제로 하는 '하필이면' 이라는 말은 세상살이가 원망스럽거나 자신만이 불행하다는 생각이 들 때 사용하는 부정적인 말입니다. 하필이면 왜 내가 등산가는 날 비가 오는 거야? 하필이면 왜 나에게만 이런 불행이 찾아오는 거야? 하필이면 왜 나는 금수저가 아니라 흙수저로 태어난 거야? 등등과 같이 말이죠.

하지만 이 말은, 우리 부모님께서 하필이면 왜 나를 이렇게 예쁘게 낳아주신 거야? 나보다 머리가 좋고 똑똑한 취준생들도 수두룩한데 하필이면 왜 나만 취업이 된 거야? 태풍으로 엄청나게 피해를 본 집들도 많은데 하필이면 왜 우리 집만 멀쩡한 거야? 등등과 같은 긍정의 의미로 사용할 수도 있습니다. 배우 송승환도 시력을 상실하여 실명 위기에 처했을 때, "왜 하필이면 나입니까?"라며 하늘을 원망하지 않았고, "이만큼이라도 보이는 게 얼마나 고마우냐"며 새로운 도전의 길을 선택했습니다.

'하필이면' 과 대조적으로 쓰이는 '축복' 이라는 말은 라틴어로 '베네딕티오(benedictio)' 로, '좋게(bene)' '말하다(dicere)' 라는 뜻을 지닌 긍정적인 말입니다. 그래서 우리가 마음먹기에 따라 '하필이면' 이라는 부정적 의미의 말도 축복의 의미, 즉 '원영적 사고〔걸그룹 IVE의 장원영이 한 긍정적 발언에서 유래한 인터넷 밈(meme)이자 유행어〕' 로 승화시킬 수가 있습니다.

어느 날 장원영이 빵을 사러 빵집에 들어갔는데, 자기 앞에 줄을 섰던 고객이 자신이 사려던 빵을 몽땅 사버리자, 그녀는 이렇게 말했습니다.

> 운이 좋게도 제가 새로 갓 구워낸 빵을
> 처음으로 받게 되었지 뭐예요?
> 역시 행운의 여신은 내 편이란 말이야.

요점은 늘 사물의 밝은 면만 보고자 하는 '긍정적 사고'이며, 이러한 긍정적 관점을 '원영적 사고'라 부를 수 있습니다.

이 아름다운 지구에 지각(知覺) 능력을 가진 존재로 태어나서 생각하는 동물로서 인생을 살아왔다는 것, 긴 세월 동안 다른 이가 아닌 하필이면 내가 그 험난한 인생 여정 이후에도 이렇게 건강한 육신으로 온전히 살아있다는 것, 이 나라 이 가정에 버거운 짐을 지고 태어나 고군분투하며 살아왔는데, 지금까지 무사히 잘 견디고 버텨온 게 축복이 아니고 무엇이겠습니까?

네, 그렇습니다. 비록 힘들고 불행했던 일들이었을지라도 세월이 한참 흐른 뒤에 되돌아보면, 그것들이 나름대로 나를 지혜롭게 하고, 겸손하게 만들고, 온전한 인간으로 거듭나게 해 준 '영혼의 담금질'이자 '축복의 계기'였다는 것을 알게 됩니다. 왜냐하면 '지혜는 세월과 함께 오니(Wisdom comes with age)', 사람은 아픈 만큼 성숙해지기 때문입니다. 그리고 옥한흠 목사님의 말씀대로 "시련과 고통에는 다 하느님의 뜻이 있기에, 시련과 고통은 변장하고 찾아오는 하느님의 축복"이라고 할 수 있지요.

삶을 하나의 무늬로 바라보라.
행복과 고통은
다른 세세한 사건들과 뒤섞여
정교한 무늬를 이루고
시련도 그 무늬를 더해주는 색깔이 된다.

영화 《아메리칸 퀼트(How to Make an American Quilt)》 중에서

따라서 인도의 시성(詩聖) 타고르(Rabindranath Tagore)도 "시련과 고통을 멎게 해달라고 하는 대신 그것들을 극복할 용기를 달라."고 기도했습니다. 왜냐하면 술잔 밑에 깔린 찌꺼기까지 비워보지 못하고, 잔 위에 떠 있는 거품만을 홀짝이는 사람은 인생을 논(論)할 수가 없으며, 인생을 제대로 음미하기 위해서는 술잔을 밑바닥까지 비워보아야만 하기 때문입니다(Drink life to the lees). 그리고 정신과 의사 빅터 프랭클(Viktor Emil Frankl)의 말처럼, "삶에 의미가 있다면, 그것은 시련과 고통이 주는 보상"이 아닐까요?

우리가 자신을 다른 사람들과 비교하면 자신이 한없이 하찮아 보이고 비참한 생각이 들 수도 있습니다. 하지만 이 세상에는 나보다 더 위대하거나 더 못난 이들은 언제나 존재하기 마련입니다. 또한 내가 겪고 있는 고통보다 더 큰 고통으로 괴로워하고 있는 이들을 보면 나의 고통은 미미하고 시시해 보이기까지 합니다.

그러므로 타인의 신발을 신고 한 번 걸어보세요. 그리고 아무리 보잘것없고 변변치 못하더라도 당신이 이제껏 성취하고 이루어온 것들을 대견스럽게 생각하십시오. 왜냐하면 누가 뭐라 해도 당신은

이 세상에서 아주 귀하고 소중한 존재이며, 그런 당신을 사랑하는 것은 아주 중요한 일이니까요. 그리고 또 축복이 뭐 별것인가요? 아침에 눈을 떠서 평소에 하던 일 하고, 세상과 이웃을 위해 손톱만치라도 뭔가를 할 수 있다면, 그것이 바로 축복이 아닐까요?

>세상이 나에게 준 모든 것들은 축복이다.
>감사하고 고마운 사람들,
>아름답고 행복했던 추억들,
>가슴 아프고 쓰라린 경험들,
>고난과 좌절 속에서 배운 것들,
>시련과 역경 속에서 깨우친 것들,
>삶이 나에게 가르쳐 준 것들.
>
>이 모든 경험이
>나를
>성숙시키고,
>겸손하게 하고,
>지혜롭게 하고,
>삶을 풍요롭게 했으니,
>이제껏 살아온 것만으로도 충분하고
>지금껏 사는 것만으로도 축복이다.
>
>살아 있다는 건,
>참 아슬아슬하게 아름다운 일이다.

청춘

사무엘 울만 (Samuel Ullman)

청춘이란 인생의 어느 한 시기가 아니라
마음의 상태를 뜻한다.
청춘이란 장밋빛 볼, 붉은 입술, 유연한 무릎이 아니라
강인한 의지, 풍부한 상상력, 활기찬 감정,
그리고 인생의 깊은 샘으로부터 솟아나는 신선함을 뜻한다.

청춘이란 두려움을 물리치는 용기,
안이함을 뿌리치는 모험심을 의미하니
때로는 스무 살 청년보다 예순 살 노인이 더 청춘일 수 있다.
누구나 세월만으로는 늙어가지 않고
이상(理想)을 잃게 될 때 비로소 늙어간다.

세월은 피부를 주름지게 하지만
열정을 잃는 것은 영혼을 주름지게 한다.
또한 근심, 두려움, 자신감을 잃는 것은
우리의 기백을 죽이고 마음을 시들게 한다.

예순 살이든, 열여섯 살이든 가슴 속에는
경이로움을 향한 동경과
아이처럼 왕성한 미지의 것에 대한 탐구심과
인생에서 기쁨을 얻고자 하는 열망이 있다.

그대와 나의 가슴 속에는 무선국(無線局)이 있어
인간과 신으로부터
아름다움, 희망, 기쁨, 용기, 힘의 메시지를 수신하는 한
언제나 청춘일 수 있다.

그러나 안테나가 고장이 나서,
기백이 냉소의 눈(雪)과
비관의 얼음으로 뒤덮일 때,
그대는 스무 살이라도 이미 노인이라 할 수 있다.
하지만 안테나를 다시 세우고
희망의 전파를 수신하는 한
그대는 여든 살이라도 늘 푸른 청춘이다.

젊다고 믿어보세요, 인생이 길어지니까요

노인 같은 젊은이를 만나는 것만큼이나
젊은이 같은 노인을 만나는 것도 기쁜 일이다.

키케로(Marcus Tullius Cicero)

　일본의 소프트뱅크 그룹 손정의(재일교포 3세) 회장은 "인생을 얼마나 오래 살았느냐가 아니라 얼마나 불태웠느냐가 중요하다."고 했고, 미국 시인 마야 안젤루(Maya Angelou)는 "인생은 숨을 쉰 횟수가 아니라 숨막힐 정도로 가슴 벅찼던 순간을 얼마나 많이 가지고 있는가?"로 평가된다고 했으며, 영국의 신학자 조지 휫필드(George Whitefield)는 "나는 녹슬어 사라지기보다는, 차라리 닳아 없어지기를 원한다(I would rather wear out than rust out)."고 했습니다.
　우리가 세상을 살다 보면 주변에서 '젊은이 같은 노인'을 자주 발견합니다. 얼마 전 일본에서는 100세의 할아버지가 대학에 입학해서 노익장을 과시하는가 하면, 글을 전혀 읽고 쓸 줄 몰랐던 조지 도슨(George Dawson)은 98세의 나이에 집 근처 학교의 성인반에 들어가서 101세 되던 해에 『인생은 아름다워(*Life Is So Good*)』라는 자서전을 냈으며, 일본의 시바타 도요(しばた とよ) 할머니는 99세

에 『약해지지 마』라는 시집을 출판해서 지구촌 전역에 큰 반향을 불러일으켰고, 세계적인 첼로 연주자인 파블로 카잘스(Pablo Casals)는 90세의 고령에도 바흐(Johann Sebastian Bach)를 연주하며 하루를 시작했다고 합니다. 「청춘(Youth)」이란 시도 사무엘 울만이 78세 되던 해에 썼습니다.

국내에서도 105세의 나이에 집필과 강의에 여념이 없는 연세대학교 김형석 명예교수, 93세 때 한국외대 영문과 박사과정에 입학한 권노갑 전 국회의원, 92세의 나이에 대학을 경영하며 『길을 묻다』라는 책을 펴낸 가천대학교 이길여 총장, 90세의 나이에 국민 건강을 위해 '세로토닌(Serotonin, 행복 호르몬) 문화'를 이끄는 이시형 박사 등이 있습니다.

우리는 이러한 사람들을 흔히 '액티브 시니어(active senior)', '시니어 인플루언서(senior influencer)', '오팔(OPAL; Old People with Active Lives, 활기차게 사는 노인) 세대', '노인돌(노인+아이

돌', '청마(청년 같은 마음을 지닌 사람)', '청어(청년처럼 사는 어르신)' 등등이라고 부르는데, 이들 대부분은 '구구팔팔이삼사(9988 234, 구십구 세까지 팔팔하게 살다가 이틀만 앓고 사흘째 죽는 것)'를 추구하는 사람들로, 이들에게는 다음과 같은 공통점이 있습니다.

    첫째, 사랑할 대상(이성, 동성, 애완동물 등)이 있다.
    둘째, 호기심이 강하고 늘 새로운 것에 도전한다.
    셋째, 일, 봉사활동, 취미생활 등 매사에 열정적이다.
    넷째, 늘 뭔가를 추구하며 적극적으로 활동한다.
    다섯째, 여러 사람과 두텁고 끈끈한 유대관계를 맺고 산다.
    여섯째, 매사에 긍정적이고 낙관적이며 자주 웃는다.
    일곱째, 박애(博愛)를 실천하며 이타적이다.

네, 그렇습니다. 이 세상에는 '노인'이라는 꼬리표만 있을 뿐, 진짜 노인은 없습니다. 그리고 우리의 발목을 잡는 것은 노화나 노쇠가 아니라 신체의 한계를 예단하는 고정관념입니다. 따라서 우리는 단지 숫자에 불과한 신체적 나이에 절대 굴복하지 말고, 매 순간 삶의 주인공으로서 '청마', '청어'처럼 '늘 푸른 청춘'으로 살아야 합니다. 왜냐하면 '오늘이 가장 젊은 날'이며, 내가 자신감을 잃게 되면 온 세상이 나에게 적대적으로 굴 테니까요(If I have lost confidence in myself, I have the universe against me). 그리고 생의 마지막 순간까지 자신의 삶을 최선을 다해 살아가는 것, 그것이 바로 '멋진 어른'으로서 자기 '나잇값'을 제대로 하는 비결이 아닐까요?

박경리는 그녀의 시 「산다는 것」에서, "잔잔해진 눈으로 뒤돌아보는/ 청춘은 너무나 짧고 아름다웠다/ 젊은 날에는 왜 그것이 보이지 않았을까?"라고 했으며, 19세기의 프랑스 작가 아나톨 프랑스(Anatole France)는 "내가 신이라면 청춘을 인생의 맨 마지막에 두겠다(If I were God, I would put youth at the end of life)."고 했습니다. 청춘은 인생에서 가장 아름답고 무한한 가능성이 열려있는 시기이지만, 막상 그 시기에는 앞만 보고 정신없이 사느라 청춘의 아름다움을 제대로 누려보지도 못하고 후회스럽게 보냈기 때문이지요.

아쉽게도 하느님께서 우리에게 주신 선물- '푸른 청춘'은 이미 우리 손을 떠난 지 오래고 다시는 돌아올 수 없지만, 우리의 노력 여하에 따라 누구나 우아하고 활기찬 노년을 가꾸며 잃어버린 청춘을 되살릴 수가 있습니다. 또한 몸은 늙었을지라도 파릇파릇한 꿈과 이상을 가슴에 품고 산다면, 우리는 언제나 '늘 푸른 청춘'으로 머물 것입니다.

지난 시절은 돌아오지 않아도
시난 계절은 돌아오고

시든 청춘은 다시 피지 않아도
시든 꽃은 다시 핀다. (…)
주병권의 「봄」 중에서

따라서 '시든 꽃을 다시 피우기 위해서'는 스페인 작가 세르반테스(Miguel de Cervantes)가 그의 『돈 키호테(Don Quijote)』에서 말한 것처럼, "이룰 수 없는 꿈을 꾸고, 이루어질 수 없는 사랑을 하며, 이길 수 없는 적과 싸우고, 견딜 수 없는 고통을 견디며, 잡을 수 없는 하늘의 별을 잡으려고 늘 노력해야 합니다." 왜냐하면 사람은 나이만큼 늙는 것이 아니라, 생각만큼 늙는 것이기 때문입니다.

지금 우리에게 많은 것이 사라졌지만,
아직 많은 것이 남아 있다.
이제 우리에게 그 옛날 천하를 호령하던 그 힘은 사라졌지만,
그래도 우리는 역시 우리다.
그것은 한결같은 영웅의 기백,
비록 세월과 운명에 의해 약해지긴 했지만,
강인한 의지로 노력하고, 추구하고, 탐색하면서,
결코 굴복하지 않으리라.

알프레드 테니슨(Alfred Lord Tennyson)의 「율리시즈(Ulysses)」 중에서

초대

오리아 마운틴 드리머 (Oriah Mountain Dreamer)

당신이 먹고살기 위해 무슨 일을 하는지는
나에게 중요하지 않다.
다만 당신이 갈망하는 것과
가슴 깊이 원하는 것을 이루기 위해
어떤 꿈을 품고 살아가는지를 나는 알고 싶다.

당신이 몇 살인지는
나에게 중요하지 않다.
다만 당신이 사랑, 꿈, 그리고 모험을 찾아
대담하게 나설 용기가 있는지를 나는 알고 싶다.

어떤 행성들이 당신의 행성과 궤도를 맞추는지는
나에게 중요하지 않다.
다만 당신이 슬픔의 늪에 빠져본 적이 있는지,
삶에 배신당해 본 경험이 있는지,
더 큰 고통에 대한 두려움으로
움츠리거나 마음의 문을 닫아본 적이 있는지,

그리고 나의 고통이든, 당신의 고통이든
그 고통을 숨기거나, 피하거나, 바라보기만 하지 않고
그 고통과 진정으로 마주할 용기가 있는지를 나는 알고 싶다.

나의 기쁨이든, 당신의 기쁨이든
당신이 그 기쁨과 함께 할 수 있는지를
나는 알고 싶다.
또한 당신이 미친 듯이 춤출 수 있고,
다른 사람들에게
신중하고, 현실적이며, 인간의 한계를 알라고
훈계하지 않으면서도
그 환희를 손끝과 발끝으로
온전히 느낄 수 있는지를 나는 알고 싶다.

당신의 이야기가 진실인지 아닌지는
나에게 중요하지 않다.
다만 다른 사람들을 실망하게 할지라도

자기 자신에게 진실할 수 있는지,
배신의 비난을 감수하더라도
당신의 영혼만은 배신하지 않을 용기가 있는지,
그래서 다른 사람들의 신뢰를 저버릴지라도
오히려 더 큰 신뢰를 얻을 수 있는 사람이 될 수 있는지를
나는 알고 싶다.

어떤 것이 비록 아름답지 않더라도
매일 그 속에서 아름다움을 발견할 수 있는지,
그리고 그렇게 함으로써
삶의 진정한 의미를 찾을 수 있는지를
나는 알고 싶다.

나의 실패든, 당신의 실패든
그 실패를 이겨낼 수 있는지,
그리고 호숫가에 서서
은빛 달님에게 '그렇다' 라고 말할 수 있는

용기가 있는지를 나는 알고 싶다.

당신이 어디에서 살며,
얼마나 많은 돈을 가졌는지는
나에게 중요하지 않다.
다만 슬픔과 절망의 밤을 지새운 뒤
몸이 녹초가 되고, 뼛속까지 멍이 들어도
자식들을 먹여 살리기 위해
부모로서 역할을 다할 수 있는지를
나는 알고 싶다.

당신이 누구를 알고 있고,
지금껏 어떻게 살아왔는지는
나에게 중요하지 않다.
다만 당신이 나와 함께 불길 한가운데 서 있어도
달아나지 않을 용기가 있는지를
나는 알고 싶다.

당신이 어디에서,
누구와
무엇을 공부했는지는
나에게 중요하지 않다.
다만 모든 것이 무너졌을 때에도
오뚜기처럼 다시 일어설 수 있는
내면의 힘이 있는지를
나는 알고 싶다.

마지막으로
당신이 자기 자신과 함께 홀로 머무를 수 있는지,
그리고 그 고독한 시간에
홀로 있음을 진정으로 즐길 수 있는지를 나는 알고 싶다.

당신이 머무는 곳마다 주인이 되어라

인생을 살아가는 방법에는 단 두 가지가 있다.
하나는 아무것도 기적이 아닌 것처럼 사는 것이고,
다른 하나는 모든 것이 기적인 것처럼 사는 것이다.

There are only two ways to live your life.
One is as though nothing is a miracle.
The other is as though everything is a miracle.

알버트 아인슈타인(Albert Einstein)

조르주 퐁피두(Georges Pompidou) 프랑스 대통령은 죽기 전에 '나는 사는 동안 내가 할 수 있는 것은 모두 다 했다.'고 말했습니다. 이는 여한(餘恨) 없이 최상의 인생을 산 사람만이 삶이라는 논문의 마지막 페이지에 남길 수 있는 말이라고 생각합니다. 반면에 미국 시인 존 그린리프 휘티어(John Greenleaf Whittier)는 「모드 뮐러(Maud Muller)」라는 시에서, "말이나 글로 표현된 모든 슬픈 말 중 가장 슬픈 말은 '그때 해볼걸!'(For of all sad words of tongue or pen, / The saddest are these: 'It might have been!')"이라는 회한(悔

恨)의 말이라고 했습니다. 이는 우리 인간은 해본 것보다는 해보지 못한 것을 더 오래 기억하는 존재이기 때문인지도 모릅니다.

오리아 마운틴 드리머의 「초대(The Invitation)」는 '언젠가는 결코 오지 않는다(Someday will never come).' 그러므로 '인생에서 가장 젊은 날-오늘', '가슴이 뛰는 삶', '본연의 얼굴을 되찾는 삶', '진짜 나다운 삶', '본성의 부름을 따르는 삶'을 살고, '나 됨(me-ness)'과 '본연의 나'로 돌아가라는 초대이며, 세상이라는 무대에서 조연이 아니라 주인공의 삶을 살라는 권유이기도 합니다.

당신이 꼭 '좋은 사람'일 필요는 없다.
참회하며 무릎으로 기어
백 마일의 사막을 통과할 필요도 없다.
다만 당신의 육체 안에 깃든
그 연약한 동물이 원하는 것을
할 수 있도록 하라.
메리 올리버(Mary Oliver)의 「기러기(Wild Geese)」 중에서

또한 우리 인간은 '게스트하우스'와 같은 존재라서, 매일 '불안, 초조, 우울, 상심, 좌절, 고통, 절망' 등과 같은 불청객들이 찾아오는데, 이들은 우리를 성숙한 존재로 거듭나게 해주는 조력자이자 안내자이므로, 그들을 함부로 내치지 말고 담담하고 의연하게 맞이하라는 초대입니다.

기쁨과 슬픔 중
그 어느 하나라도 거부한다면
이는 삶을 거부하는 것이다.
주디 브라운(Judy Brown)

마지막으로 이 시는 고독한 순간에 자기 자신과 마주하며, 내면의 평화·평정·평온을 되찾고, 진정으로 자기 자신을 사랑하라는 권고입니다. 또한 내 인생의 운전사는 바로 '나'이므로, 서 있는 자리마다 '운명의 주인공'이 되고, '영혼의 선장'이 되라는 가르침이기도 합니다.

세상의 드넓은 전쟁터에서,
인생의 야영지에서,
말 못 하며 쫓기는 짐승 떼가 되지 말고,
투쟁에서 영웅이 되어라!
롱펠로우(Henry Wadsworth Longfellow)의 「인생찬가(A Psalm of Life)」 중에서

녹이 슬지 않는 삶

법정

인생의 황혼기는
묵은 가지에서 새롭게 피어나는 꽃이어야 한다.
몸은 사그라져 가지만
마음은 샘물처럼 차오를 수 있어야 한다.

세월이 가면서 신정으로 경계해야 할 것은
늙음이나 죽음이 아니라
배움의 단절로 인해 녹이 스는 삶이다.
삶이 녹이 슬게 되면
모든 것이 무료해지고
모든 것이 허물어진다.

그러므로 깨어 있고자 하는 사람은
삶의 종착역에 다다를 때까지
자신을 묵혀두지 말고
거듭거듭 새롭게 일깨워야 한다.
이런 사람은

다음 생의 문전에 섰을 때도
자긍심으로 당당할 것이다.

삶에서 가장 중요한 일은
마음을 젊고 푸르게 가꾸는 것이다

스무 살이든 여든 살이든 배움을 멈추는 사람은 늙는다.

그러나 계속 배우는 사람은 젊음을 유지한다.

삶에서 가장 중요한 일은

마음을 젊고 푸르게 가꾸는 것이다.

헨리 포드(Henry Ford)

그리스의 철학자 디오게네스(Diogenes the Cynic)는 "이제 나이도 들 만큼 들었으니 그만 쉬라."는 이웃의 권고에, "내가 경기장에서 달리고 있을 때, 결승점에 가까워졌다고 해서 그만 멈추어야 하겠는가?"라고 답했다고 합니다. 또한 서울시 초대 건강총괄관 정희원 박사(저속 노화 전문가)는 "노년을 밀도 있게 사는 '슈퍼 에이저(Super Ager)'들은 끊임없이 배우고, 몸을 움직이며, 사회에 참여하는 '현역의 마음가짐(mindset)'으로 '자발적 불편'을 즐기는 사람들이라고 주장합니다. 이렇듯 늙음과 낡음은 다른 것입니다.

저는 최근 인사동에 갔다가 우연히 80대 후반의 은사님을 만났는데, 요즈음 어떻게 지내시느냐고 인사차 여쭙자, "한 교수, 인생에서 세 가지 금이 중요하다는 것은 알고 있지? 그렇게 살고 있어."

라고 말씀하셨습니다. 그래서 "아, '소금', '황금', '지금' 말씀이세요?"라고 확신을 갖고 다시 여쭙자, 은사님께서는 "내가 지어낸 말인데, '지금', '조금', '궁금' 이렇게 세 가지야."라고 귀띔해주시더라고요. "나이를 먹으면 내일을 기약할 수 없으니 '지금'이 중요하고, '조금'은 절제를 뜻해. 조금 먹고, 조금 말하고, 조금 욕심내는 거지. 그런데 세 가지 중 가장 중요한 것은 '궁금'이야. 궁금한 게 없으면, 인생은 끝난 것이나 마찬가지거든."이라고 부연 설명까지 해주셨습니다. 또한 미국의 신경과학자이자 작가인 조나 레러(Jonah Lehrer)도 그의 저서 『지루하면 죽는다(Mystery)』에서, "삶의 지루함에서 벗어날 수 있는 최고의 해독제는 바로 '호기심'"이라고 했지요.

어린아이들은 제 발에 걸려 굴러가는 돌멩이를 보면서도 깔깔깔 웃고, 궁금한 게 있으면 두 눈을 동그랗게 뜨고 묻고 또 묻습니다. 호기심이 살아 있기 때문이지요. 우리가 어쩌다 어린 손자 손녀와 지내다 보면 아이들은 왜 그리 호기심과 궁금한 게 많은지요. "비는 왜 오느냐? 불은 왜 뜨거우냐? 비행기는 어떻게 하늘을 나느냐? 이건 뭐야? 저건 뭐야? 이건 왜 이래? 저건 왜 그래?" 등등 말입니다. 아이들에게는 세상만사가 다 궁금하고 신기하니까 사는 것이 조금도 따분하고 지루할 틈이 없습니다.

그런데 나이가 들어가면서 어렸을 때 지녔던 호기심은 점차 무뎌지고 사그라집니다. '그 음식도 먹어 보았고, 그곳에도 가보았으며, 그 음악도 들어보았지만, 별것 없어.'라는 둥 매사에 시큰둥합니다. 또한 '사는 것이 지루하다, 오래 산 게 죄다, 빨리 죽어야 할 텐데, 언제 죽을지 점이라도 보고 싶다' 등등 푸념을 늘어놓기 일쑤입니다. 하지만 호기심은 우리를 영원히 젊게 해주는 묘약이므로, 혈압·당뇨약이나 영양제를 챙기는 것처럼 늘 챙겨야 합니다. 왜냐하면 호기심을 충족하면 뇌의 보상 화학물질인 '도파민(dopamine: 뇌에서 분비되는 보상 호르몬)'이 몸에 퍼져 행복감과 만족감을 느끼는 것은 물론, 젊은이들처럼 심신의 젊음을 유지하며 살아갈 수 있기 때문이지요.

제가 예전에 '다 알아'라는 별명을 붙여준 사람이 있었습니다. 그는 만나는 순간부터 자리를 뜰 때까지 도무지 궁금한 것도, 더 알고 싶은 것도 없는 사람이었습니다. 인생의 연륜이 쌓이다 보니 '모든 것을 다 안다'는 착각에 빠져 도대체 남의 말을 들으려고도, 배우려고노 하시 잃있습니다. 즉, 남이 말을 끝까지 들어보기도 전에 "다 알고 있으니 됐고"였고, 침을 튀겨가면서 자기 말만을 일방적으로 이어갔습니다. 이렇게 자기 말만 해대는 사람은 상대방을 이해하지 못할뿐더러, 자기 자신도 상대방으로부터 이해를 받지 못합니다. 듣는 쪽에서 일찍이 귀를 닫아버렸기 때문이지요.

영어 'understand'란 말은 'under'와 'stand'가 결합된 단어로, 문자 그대로 해석하면 상대를 이해하기 위해서 '상대보다 낮은 위치에 서다'라는 뜻입니다. 따라서 자기 말만을 해대고 남의 말을 듣거나 이해하려고 하지 않는 사람은, '꼰대'나 '라떼('나 때는 말이야'를 빗댄 말)' 부류의 인간이라고 할 수 있습니다(백영옥). 그런데 내 말만 하고 남의 말을 들으려 하지 않는다면, 세 가지 면에서 손해입니다. 첫째, 내가 아는 것을 다 알려 주니 손해이고, 둘째, 말실수

할 확률이 높으니 손해이고, 셋째, 남이 알고 있는 것을 듣고 배울 기회를 놓치게 되니 손해입니다(윤세영).

그러므로 세월이 가면서 우리가 진정으로 경계해야 할 것은 늙음이나 죽음이 아니라 배움의 단절로 인해 녹이 스는 삶입니다. 왜냐하면 나이가 많건 적건 간에, 우리가 끊임없이 배우고 익히려는 자세로 '지적 호기심(intellectual curiosity)'을 일깨우지 않는다면, 우리의 삶은 이내 녹이 슬기 때문입니다. 또한 호기심의 부재나 배움의 부족으로 인해 우리의 삶이 정체되면, 모든 것이 무료하고, 허물어집니다. 이와 관련해서 연세대 김형석 교수님도 "인생의 마라톤을 끝까지 완주하는 것이 늙지 않고 행복하게 사는 비결"이라고 했습니다.

나이가 몇 살이든 간에, 인간에게는 무한한 가능성과 잠재력이 내재해 있으며, 또한 그 힘이 발현되기만을 기다리고 있습니다. 따라서 노력 여하에 따라 우리는 늘 새롭게 변화하고, 발전하며, 의미 있는 삶을 추구할 수가 있습니다. 즉, 에머슨(Ralph Waldo Emerson)이 말한 것처럼, "우리는 성장을 계속할 뿐 늙지 않지만, 만약에 배움을 멈춘다면 그 순간부터 곧바로 늙어가는 것"이지요.

그러므로 우리가 육체적 활동을 통한 '건전한 신체'와 지적 활동을 통한 '온전한 정신'을 유지하면서 '늘 푸른 청춘'으로 살고자 한다면, 인생의 종착역에 다다르는 마지막 순간까지 끊임없이 배우고, 도전하고, 성취하면서 늘 '자신을 일깨워야 합니다(Wake up your life).' 왜냐하면 인생은 은퇴나 정년이 없는 현재진행형이며, 향학열(向學熱)이 꺼진 상태로 사는 사람은 '비에 젖은 낙엽'처럼 처량하고 무의미한 삶을 살게 될 테니까요.

    미국의 트루먼(Harry S. Truman) 대통령은 평생 손에서 책을 놓지 않았습니다. 어느 날 기자가 "대통령님은 잠자기 위해서 책을 읽느냐?"고 농담을 건네자, 트루먼은 "나는 깨어 있기 위해서 책을 읽는다."고 답했습니다. 사람이 산다는 게 무엇입니까? 순간순간 깨어 있고, 꽃처럼 새롭게 피어나는 것이지요. 그래야만 살아있는 것이랍니다.

배워라.
"이제 와서 새삼스럽게"란 말은 하지 말고.
배우기에 너무 늦은 것은 없다.
그러니 배워라.
모든 것들로부터.
모든 이들로부터.
당신은 알아야 한다.
당신은 앞서가야 한다.

베르톨트 브레히트(Bertolt Brecht)의 「배움을 찬양하다」 중에서

인간이 범하기 쉬운 네 가지 어리석음

작자 미상

어느 날 나는 신과 인터뷰하는 꿈을 꾸었다.
신이 말했다.
"그래, 나를 인터뷰하고 싶다고?"
내가 말했다.
"네, 시간이 있으시다면요."

내가 물었다.
"인간에게 가장 어리석은 점은 무엇인가요?"

신이 대답했다.
"젊었을 때는 서둘러 어른이 되려고 했다가,
노년이 되면 다시 젊어지려고 하는 것.

많은 돈을 벌기 위해 건강을 잃은 뒤에,
건강을 되찾기 위해 평생 번 돈을 몽땅 쓰는 것.

미래에 대한 걱정 때문에 현재를 놓쳐서,
결국에는 현재에도 미래에도 살지 못하는 것.

죽지 않고 영원히 살 것처럼 사는 것과,
살아본 적이 없는 듯이 무의미하게 죽는 것."

인터뷰를 마친 뒤 나는 겸허하게 말했다.
"어리석은 저에게 많은 것을 깨우쳐 주셔서 감사합니다."

'우리는 모두 죽는다' 는 것을 기억하며
순간에 충실하라

당신도 역시 언젠가는

'죽는다는 것을 기억하라(Memento mori).'

결국 죽는다고 생각하면

근심들 대부분은 무의미하다.

그래서 좀 더 용감해질 수 있다.

감정에 대해서,

진정 바라는 것에 대해서. (…)

박광우의 『죽음 공부』 중에서

우리가 어렸을 때는 빨리 어른이 되고 싶어 하니까 시간이 좀 더 디 가는 것처럼 느껴집니다. 그래서 타인과 함께 있으면 실제보다 나이를 좀 올려서, '내가 형님이다', '내가 언니다' 라고 우기지요. 그러나 세월이 가면서 젊음이 소중하다는 걸 곧 느끼게 됩니다. 그래서 막상 어른이 되고 나면, 그때부터는 나이를 한 살이라도 더 낮추려 들고, 또한 더 젊어지기 위해 모든 수단과 방법을 동원합니다. 이는 '항노화(Anti-Aging, 노화를 지연시키는 것)', '역노화(Reverse Aging, 노화 과정을 되돌려 젊음을 되찾는 것)', '슬로우 에이징

(Slow Aging, 노화의 속도를 늦추는 것)' 등 일종의 '저속 노화' 증후군으로, '젊음에 대한 욕망'의 표출이지요.

돌이켜보면 2000년대에는 '웰빙(well-being)', 2010년대에는 '힐링(healing)'이 유행했다면, 2020년대부터는 급속히 '저속 노화'가 유행한 것도 바로 이런 연유에서입니다. 즉, 웰빙이 심신의 건강과 행복 등 전반적인 삶의 만족을 추구하는 것이었다면, 힐링은 몸과 마음의 치유를 추구하는 개념으로 좁혀졌고, '저속 노화'는 우리의 몸을 녹슬게 하는 노화의 속도를 늦춰, 젊음을 가능한 한 오래도록 유지하고 싶은 인간 욕망의 표현이라고 할 수 있지요(나연만).

그런데 과연 봄꽃만이 아름다운가요? 아닙니다. 가을에 곱게 물든 단풍도 봄꽃만큼이나 아름답습니다. 따라서 우리가 '곱게 물든 단풍'이나 '잘 익은 포도주'처럼 늙고 싶다면, 나이가 들거나 병에 걸리는 걸 아쉬워하거나 거역하지 말고 자연의 섭리로 담담하게 받아들이면서, 우아하고 '진짜 나답게' 나이 들어가는 방법과 지혜를 터득해야 합니다. 왜냐하면 우리가 노화나 질병을 인생의 필연적 과정으로 받아들일 때만이 노년을 더욱 의미 있고 풍요롭게 보낼 수 있기 때문이지요.

오늘날 우리는 생활 수준의 향상과 의술의 발달로 '100세 시대'에 살고 있습니다. 그러나 건강하게 오래 살아야지, 건강을 잃은 뒤 수명만 연장하는 것이 무슨 의미가 있겠습니까?

돈이나 권력을 잃은 것은 조금 잃은 것이고,
명예를 잃은 것은 크게 잃은 것이며,

건강을 잃은 것은 모든 것을 다 잃은 것이다.
우리는 어제보다 더 젊어질 수는 없지만,
더 건강해질 수는 있다.

다시 말해서, 잃어버린 돈, 권력, 명예는 노력으로 되찾을 수 있지만, 한번 잃어버린 건강은 영원히 되찾을 수가 없습니다. 또한 건강을 잃게 됨으로써 파생되는 비극은 단지 자기 자신에게만 국한되는 것이 아니라, 사랑하는 가족, 친지, 지인들까지도 불행하게 만들 수가 있습니다. 쇼펜하우어(Arthur Schopenhauer)의 말대로, 우리 행복의 대부분은 건강으로 결정이 되는 것이지요. 그러므로 건강은 건강할 때 미리미리 지키도록 노력하십시오. '건강이 우리에게 시간을 선물해 줄 테니까요.'

이 세상에서 중요한 세 가지 '금'은 '소금(salt)', '순금(gold)', '지금(now)'이라고 할 수 있습니다. 그런데 그중 가장 중요한 것은 바로 '지금' – '현재(present)'이지요. 우리에게 '지금' – '이 순간'은 영원히 다시 올 수 없는, 그리고 두 번 다시 반복할 수 없는 시간입니다. 그래서 '현재'란 하느님께서 우리에게 부여해 준 최고의 '선물(present)'이라고 하지 않던가요? 네, 그렇습니다. '오늘', '지금', '이 순간'이 바로 내 인생의 '화양연화(花樣年華: 영화제목에서 유래하며, 인생에서 가장 아름답고 행복한 시절을 의미함)'입니다.

하지만 대부분 사람은 이미 지나가 버린 과거에 매달려 살거나, 도래하지도 않은 미래를 앞당겨 쓰면서 소중한 현재를 허투루 보내는 우(遇, 어리석음)를 범하곤 합니다. 즉, 백 년도 채 못 사는 것이 우리 인생인데 '천 년의 걱정'과 '천 년의 희망'을 가슴에 품고 산다는 말이지요. 이는 어려서부터 미래를 위해 오늘을 희생하도록 훈련받아온 탓입니다. 따라서 이러한 우를 범하지 않기 위해서는, 현재의 매분 매초를 다시 오지 않는 기적으로 받아들이면서, 다이아몬드처럼 매 순간을 강렬하게, 그리고 열정적으로 살아야 합니다.

이에 관해 캐나다의 위대한 시인이자 가수 레너드 코언(Leonard Cohen)은 그의 〈성가(Anthem)〉에서 이렇게 노래하고 있습니다.

새들은 동이 트면서 지저귀기 시작하고
나는 '다시 시작하자'는 그들의 노랫소리를 듣고 있네.
지나간 것들이나 도래하지 않은 일들에 관해
괜한 신경을 쓰지 말기를.

또한 부처님께서도 '지금, 이 순간을 살라'고 가르치셨으며, 틱낫한(Thich Nhat Hanh) 스님이 프랑스 남서부 보르도(Bordeaux) 지방에서 운영했던 수행공동체 '플럼 빌리지(Plum Village)'의 법당 현판에도, '나는 지금 집에 도착했다(I have arrived, I am home).'라고 쓰여 있는데, 이 말의 참뜻은 제 집에 머무르지 못한 채 저 너머를 서성이지 말고(과거나 미래에 살지 말고), '지금 여기에 존재하라(In the here and in the now).'는 뜻입니다.

우리는 모두 이 세상에 잠시 소풍을 나온 것입니다. 그러므로 걱정과 불안, 과거나 미래에 얽매여 살 필요가 전혀 없습니다. 그저 지금 길가에 피어있는 꽃들을 감상하고, 꽃향기를 맡으면서, 소풍 그 자체를 즐기기만 하면 됩니다. 바람이 불 때 흩어지는 꽃잎을 줍는 아이들은, 그 꽃잎들을 모아둘 생각은 하지 않습니다. 꽃잎을 줍는 순간을 즐기며 그 순간에 만족할 뿐…

우리가 인생의 종말인 죽음을 지나치게 의식하다 보면 자칫 우울증에 빠지기 쉽고, 생을 엮어가는 과정에서 열정을 잃기가 쉽습니다. 반대로 숙명적인 우리 인간이 우리 앞에 놓여 있는 죽음에 대한 인식이 부족할 때, 우리는 무가치한 것들에 그릇된 가치를 부여하고, 추구할 가치가 없는 것들을 추구하느라 귀중한 생을 낭비하기가 쉽습니다.

그러므로 '죽음을 기억하라'라는 말처럼 죽음에 관해 이따금 생각해 보는 것은, 현재의 삶을 더욱 의미 있고 충실하게 살도록 해 줄 뿐만 아니라 삶의 폭과 깊이도 더해주지요. 마치 어둠이 빛이 의미를 일깨워주듯 우리도 죽음을 의식할 때마다 매번 새롭게 다시 태어나니까요. 따라서 우리는 매번 맞이하는 하루하루를 인생 최초의 날이자 마지막 날인 것처럼 살아야 합니다.

인간은 자신이 죽는다는 사실을 아는 유일한 동물이다.
매일 경쟁적으로 투쟁하고, 신분 상승으로 안위를 추구하고,
가혹하게, 기계처럼 노동을 하다 보니 죽음을,
특히 자기의 죽음을 생각할 겨를이 없을 뿐이다.
애석한 일이다.

앙리 라보리(Henri Laborit)의 『도피 예찬(Eloge de la fuite)』 중에서

17세의 이른 나이부터 '오늘이 생의 마지막'이라고 여기며 살았

던 스티브 잡스(Steve Jobs)는, "곧 죽을 수도 있다는 생각은 인생에서 결단을 내릴 때마다 아주 중요한 도구였다."라고 했습니다. 또한 작가이자 철학자 파스칼 브뤼크네르(Pascal Bruckner)는 "우리의 생이 짧으면 짧을수록 더 치열하게 살 이유가 생긴다."고 했지요. 즉 '죽음의 기술(아르스 모리엔디, Ars moriendi)'이 바로 '삶의 기술'이며, '죽을 날을 받아 놓은 사람이 오히려 잘 산다.'는 뜻입니다. 우리가 인생이 길지 않다는 것을 철저히 인식하여 죽음을 자신의 삶 속으로 받아들일 때, 우리는 매 순간을 더욱 의미 있고 충만하게 살 수가 있으며, 삶이 더욱 깊고 풍요로워질 수 있겠지요.

죽는 것을 배워라.
죽음을 아는 것은 성스러운 지혜이니.
죽음을 준비하라.
그러면 죽음에 끌려가도,
그대는 보다 차원이 높은 삶으로 들어가는 것이니.

헤르만 헤세(Hermann Karl Hesse)

그러므로 우리는 사망의 음침한 골짜기에서 형 집행이 유예된 사형수처럼 생을 이어가는 것이며, 하루하루를 사는 것은 점점 죽음을 향해 다가가는 것이라는 사실을 때때로 깨닫는 것은 마음에 좋은 명약이 됩니다. 또한 인생 여정의 종착역에서 삶을 과연 어떻게 마감할 것인지에 관해 진지하게 성찰한다면 살아 있는 이 순간을, 단 한 번뿐인 인생을 과연 어떻게 살아야 할 것인지를 더욱 절실히 깨닫게 되지요.

두 번은 없다.

지금도 그렇고

앞으로도 그럴 것이다.

그러므로 우리는

연습 없이 태어나

실습 없이 죽는다. (…)

비스와바 쉼보르스카(Wislawa Szymborska)의
「두 번은 없다(Nic dwa razy)」 중에서

미국 시인 휘트먼(Walt Whitman)은 「오, 나여! 오, 인생이여!(O Me! O Life!)」라는 시에서, "화려한 연극은 계속되고, 그대는 연극에서 한 편의 시가 되는 것(The powerful play goes on, and you may contribute a verse)."이라고 했습니다. 따라서 우리는 살아있는 매 순간 '메멘토 모리(Memento mori)', 즉 죽음을 떠올리며, 이 세상이라는 무대에서 저마다 연극의 주인공이 되어, 모든 조명이 소등되고 무대의 마지막 막이 내리는 최후의 순간까지, 부여받은 자신의 역에 충실해야 할 것입니다. 왜냐하면 삶이란 죽음을 위한 리허설(rehearsal)이니까요.

꺼져라, 꺼져, 단명한 촛불아!

인생은 단지 걸어 다니는 그림자, 가련한 연극배우,

주어진 시간 동안 무대에서 뽐내고 안달하지만

그 시간이 지나고 나면 더는 아무런 소리도 들을 수 없어.

윌리엄 셰익스피어(William Shakespeare)의 「맥베스(*Macbeth*)」 중에서

이 또한 곧 지나가리라

랜터 윌슨 스미스 (Lanta Wilson Smith)

큰 슬픔이 거센 강물처럼
네 삶에 밀려와
마음의 평화를 산산조각 내고
가장 소중한 것들을 앗아갈 때면
네 가슴에 대고 이렇게 말하라.

"이 또한 곧 지나가리라."

버겁고 힘든 일들이
네 감사의 노래를 멈추게 하고,
기도조차 할 수 없을 만큼 지칠 때면,
이 진실된 말이
네 마음에서 슬픔을 사라지게 하고
힘겨운 하루의 무거운 짐에서 벗어나게 하라.

"이 또한 곧 지나가리라."

행운이 너에게 미소 짓고,
날마다 환희와 기쁨으로 가득한
걱정 없는 날들이 찾아올 때면
세속의 기쁨에 젖어 안주하지 않도록
이 말을 깊이 새기고 마음에 간직하라.

"이 또한 곧 지나가리라."

너의 진실한 노력이
명예, 영광, 그리고 온갖 귀한 것들을
네게 가져와 웃음을 선사할 때면,
이 모든 것들은
지상에서 잠시 스쳐 가는 한순간일 뿐임을 기억하라.

"이 또한 곧 지나가리라."

인생은 가까이서 보면 비극, 멀리서 보면 희극이다

운무(雲霧)로 앞이 보이지 않더라도
슬퍼하거나 조급해하지 마라.
바람의 방향이 바뀌면
운무는 결국 걷히기 마련이다.

우리가 인생을 살아가다 보면 누구에게나 사는 것이 너무 버겁고 힘든 순간이 있습니다. 또한 불안과 스트레스가 짓누르고, 때로는 극심한 번아웃(Burnout) 상태가 오기도 하지요. 이처럼 우리는 크고 작은 불행과 마주하게 되는데, 이는 인간의 힘으로 어쩔 수 없는 일이기도 합니다.

파리는 거미에게 잡아먹히기 위해 태어나고,
인간은 괴로움의 노예가 되기 위해 태어난다.
즐거움은 우리의 기대에 미치지 못하고,
고통은 우리의 예상보다 훨씬 크다.

쇼펜하우어

하지만 불행으로 점철된 비극적 삶을 살았던 케플러(Johannes Kepler)의 삶의 궤적이 그러했듯, 불행이 곧 파멸에 이르는 길은 아닙니다. 오히려 영국의 소설가 헨리 필딩(Henry Fielding)의 말대로, "불행은 그것을 견뎌낸 자들을 더욱 강하게 하고, 연(鳶)은 순풍이 아닌 역풍에서 가장 높이 날지요." 어쩌면 불행은 인간이 가슴속에 꿈과 희망을 품을 수 있도록 하느님께서 일부러 마련하신 것인지도 모릅니다(이우영).

어느 날 다윗(David) 왕이 궁중의 세공인을 불러 말했습니다. "나를 위해 아름다운 반지를 하나 만들라. 하지만 반지에는 이런 내용의 글귀가 새겨져 있어야 하느니라. 내가 절망에 빠져 크게 낙심할 때 희망과 용기를 줄 수 있는 글귀여야 하고, 내가 큰 승리를 거둬 기쁨을 억제하지 못하고 교만해지려 할 때 그것을 다스릴 수 있는 글귀여야 하느니라."

이에 세공인은 왕의 명령대로 아름다운 반지를 만들었으나, 문구 때문에 고민에 빠졌습니다. 며칠을 고심하던 끝에 세공인은 지혜롭기로 소문난 다윗의 아들 솔로몬(Solomon) 왕자를 찾아가 도움을 요청했습니다. 이때 솔로몬 왕자는 다음과 같은 글귀를 적어주었다고 합니다.

이 또한 곧 지나가리라.
Soon it shall also come to pass.

이 말은 '고통이든 세속적 성취든 모두 유한한 것'이며, '다 지

나간다, 모든 것은 다 지나간다.'는 뜻이지요. 저는 이처럼 우리에게 힘과 용기를 주고 동시에 '겸손(humility)'의 미덕을 가르쳐주는 교훈은 드물다고 생각합니다. 따라서 인생을 살아가면서 시련과 고통으로 인해 좌절하거나, 성공으로 인해 교만해지려 할 때 이 말(이 또한 곧 지나가리라)을 꼭 명심하십시오. 하느님께서는 우리가 감당하지 못할 시련은 주시지 않으며, 세네카(Seneca)의 말처럼 "시련과 고통은 성장의 기회"이니까요. 그리고 비록 불행 속에서도 간절한 마음으로 꿈의 씨앗을 심는다면 그곳에서 영롱한 꿈이 피어날 것입니다.

    인생은 킬러 문항으로 가득합니다. 쇼펜하우어의 말대로, "삶은 즐기기 위한 선물이 아니라, 오히려 우리가 고되게 갚아야 할 의무이며 임무입니다." 그러므로 불가피한 시련과 고통에 대해 더 이상 투덜대지 말고, 어른답게 받아들이고, 춤을 추듯 나아가십시오. 왜냐하면 빗속에서도 춤출 수 있는 사람을 막을 자는 아무도 없으며, 『바람과 함께 사라지다(Gone with the Wind)』의 주인공 스칼렛(Katie Scarlett O'Hara)의 말처럼, "내일은 또다시 내일의 태양이 떠오를 테니까요(Tomorrow is another day)." 그리고 내일은 분명 오늘과는 다를 테니까요.

    괴로울 때는
이 어둠이 영원히 이어질 것 같은
생각이 들지도 모른다.
그러나 밤은 반드시 아침이 되고,
겨울은 반드시 봄이 된다.
영원히 이어지는 밤도,
영원히 지속되는 겨울도 없다.
    이케다 다이사쿠(池田大作)의 『명언 100선』 중에서

희망가

문병란

얼음장 밑에서도
고기는 헤엄을 치고
눈보라 속에서도
매화는 꽃망울을 튼다.

절망 속에서도
삶의 끈기는 희망을 찾고
사막의 고통 속에서도
인간은 오아시스의 그늘을 찾는다.

눈 덮인 겨울의 밭고랑에서도
보리는 뿌리를 뻗고
마늘은 빙점에서도
그 매운맛 향기를 지닌다.

절망은 희망의 어머니
고통은 행복의 스승

시련 없이 성취는 오지 않고
단련 없이 명검은 날이 서지 않는다.

꿈꾸는 자여, 어둠 속에서
멀리 반짝이는 별빛을 따라
긴 고행길 멈추지 마라.

인생 항로
파도는 높고
폭풍우 몰아쳐 배가 흔들려도
한고비 지나고 나면
구름 뒤 태양은 다시 뜨고
고요한 뱃길 순항의 내일이 꼭 찾아온다.

겨울이 오면 봄이 어이 멀겠는가?

폭풍우 속을 걸을 때에도
고개를 높이 들어라
그리고 어둠을 두려워하지 마라

폭풍우의 끝에는
황금빛 하늘과
종달새의 달콤한 은빛 노래가 있을 터이니 (…)

오스카 해머스타인 2세(Oscar Hammerstein II)의
〈그대는 결코 혼자 걷는 것이 아니니(You'll Never Walk Alone)〉 중에서

요즈음 삶의 무게로 생(生) 중 사(死)의 삶을 살아가는 사람들의 모습을 보면 측은하기 그지없습니다. 학생들은 입시 지옥 때문에 신음하고, 젊은이들은 직장과 일자리를 찾지 못해 좌절하며, 자영업자들은 손님이 없어 죽을 맛이고, 직장인들은 감원과 실직의 공포에 떨고 있으며, 노인들은 가난과 질병으로 고통받고 있습니다. 윤동주 시인의 말대로, 우리 사회는 거대한 병원이고, 세상은 온갖 환자 투성이며, 우리는 존재하는 것만으로도 아픈 '존재통(存在痛)'을

앓고 있는 것이지요.

일찍이 영국 시인 윌리엄 블레이크(William Blake)는 그의 「런던(London)」이란 시에서, "내가 만나는 모든 사람의 얼굴에는, 나약함과 슬픔의 그림자가 드리워져 있노라(Mark in every face I meet / Marks of weakness, marks of woe)."고 절규했는데, 정말이지 요즘 사람들의 얼굴에도 행복과 만족이 아니라 불만과 무기력, 권태와 피로가 그득합니다.

흔히 인생이 '눈물의 골짜기', '투덜거림의 연속', '고통과 권태 사이를 오가는 시계추', 그리고 '비극의 여정'이라고는 하지만, 수많은 사람이 가슴앓이하면서 '피로사회'를 살아가는 것만 같아 가슴이 아리고 쓰립니다. 플라톤(Plato)의 말대로, "우리는 고통으로 가득한 세상에서, 저마다의 통증을 다스리며, 버거운 삶을 사는 것이지요."

하지만 삶이 아무리 힘들고 고달프더라도 결코 쓰러지거나 주저앉아서는 아니 됩니다. 왜냐하면 현실이 너무 캄캄해서 한 치 앞이 보이지 않을 때조차도 어디엔가 희망의 빛이 있을지 모르며, 고통에 처해 있다는 것은 이곳을 떠나 저곳으로 갈 용기를 낼 시간이고, 인생을 새롭게 시작할 기회이기 때문입니다. 즉, 고달픈 인생 여정에서 삶은 우리를 자주 시험하지만, 우리가 시련과 고통을 감내하고 이겨낼 때만이 더욱 강인하고 지혜로운 사람으로 성장할 수 있기 때문입니다. 그리고 어둠 속에서만 별을 볼 수 있고, 빗속을 통과해야만 무지개를 볼 수 있으며, 청아한 매화꽃도 살을 에는 듯한 혹독한 겨울 추위를 견뎌 내야만 피어나기에 '절망은 희망의 어머니'라고 할 수 있습니다.

눈보라 치는 계곡에서 조난당했다가 구조된 산악인, 광산에 매몰됐다가 구조된 광부, 병마로 생사의 고비를 넘겼던 사람, 치열했던 전투의 현장에서 기적적으로 살아 돌아온 군인에게서 우리는 공통으로 다음과 같은 말을 듣습니다.

"나는 결코 희망을 저버린 적이 없다."

헤밍웨이(Ernest Miller Hemingway)는 "인간은 파멸당할 수는 있을지 몰라도 패배할 수는 없어. 희망을 저버리는 것은 죄악이야."라고 했고, 나폴레옹(Napoleon Bonaparte)은 "내 비장의 무기는 아직 손안에 있다. 그것은 바로 희망이다."라고 했으며, 영국의 낭만주의 시인 셸리(Percy Bysshe Shelley)는 「서풍에 부쳐(Ode to the West Wind)」라는 시에서, "겨울이 오면 봄이 어이 멀겠는가?(If Winter comes, can Spring be far behind?)"라고 했습니다. 네, 그렇습니다. 희망은 엄마처럼 늘 우리 곁에 있으며, 먹구름 낀 하늘에도 한 줄기 빛은 있답니다(Every cloud has a silver lining). 따라서 희망은 인생이라는 게임에서 사용할 수 있는 가장 강력한 '비장의 카드'입니다.

그리고 희망을 품고 사는 사람은 제아무리 춥고 암울한 겨울이 닥치더라도(Winter is coming), 이를 견디고 버텨냅니다. 왜냐하면 캐서린 메이(Katherine May)가 그녀의 회고록 『우리의 인생이 겨울을 지날 때(Wintering)』에서 '얼어붙은 시간 속에서 희망 찾는 법'

을 가르쳐 주듯이, 진정한 '겨울나기(윈터링, wintering)'를 통해서만 새벽녘 햇귀와 찬란한 봄을 맞이할 수 있다는 '비극 속의 낙관주의'를 인식하기 때문이지요.

희망은 멀리 있지 않습니다. 그것은 하루하루를 이어가려는 노력 속에, 오늘 다시 일어서려는 결심 속에, 내일을 향한 도전 속에 깃들어 있습니다. 그러므로 지금 당신이 걷는 길 위에도 반드시 햇살이 비칠 것이니, 희망을 품고 힘차게 걸어가십시오. "나는 계속 나아갈 수 없어. 그래도 나는 계속 나아갈 거야(I can't go on. I'll go on)."라는 아일랜드 극작가 사무엘 베케트(Samuel Beckett)의 말을 되뇌이며…

세상을 어둡게 하는 것은 무엇인가?
전기(電氣)가 나간 뒤 불을 밝힐 것이 없으면
어두울 것인가?
아니다.
가장 어두운 시간은
삶의 희망이 완전히 사라졌을 때이다.
삶의 의미가 없고, 보람이 없고, 미래가 전혀 없을 때이다.
그것은 곧 죽음이다.
그러므로 우리는 암흑이 아무리 짙을지라도
늘 희망의 빛을 찾아야 한다.

차동엽의 「김수환 추기경의 친전」 중에서

중요한 것은

엘렌 바스 (Ellen Bass)

중요한 것은 삶을 사랑하는 것이다.
더 이상 살고 싶지 않을 때에도,
소중히 쥐고 있던 모든 것들이
불에 탄 종이처럼 손에서 바스러지고,
그 잔재들로 목이 멜지라도.

중요한 것은 삶을 사랑하는 것이다.
슬픔이 당신과 함께 앉아
열대의 더위처럼 숨 막히게 하고,
공기를 물처럼 무겁게 만들어,
폐보다 아가미로 숨 쉬는 게
더 나을 것 같을 때에도.

중요한 것은 삶을 사랑하는 것이다.
슬픔이 당신의 육체처럼
당신을 억누를 때에도.
아니, 더 큰 몸집의 슬픔이

당신을 짓눌러서
'내 한 몸으로 이것을 어떻게 견뎌 내지?'
하고 생각할 때에도.

그런 때조차도
당신은 두 손으로 얼굴을 감싸듯,
매력적인 미소도, 매혹적인 눈빛도 없는
그 못난 얼굴을 감싸듯,
삶을 감싸안고 말하라,
'그래도, 나는 너를 받아줄 거야',
'그래도, 나는 너를 사랑할 거야' 라고.

삶을 언제나 자기 자신과 연애하듯 살라

나는 삶을 사랑해.

비록

여기

이러한

삶일지라도.

마르그리트 뒤라스(Marguerite Duras)

당신이 불행하다고 해서 남을 원망하느라 시간과 에너지를 낭비하지 마십시오. 인생이란 나를 위해 살지 않으면 남을 위해 살게 되며, 자책의 고통은 덧셈이 아니라 곱셈이 되기가 쉽습니다. 또한 그 누구도 당신의 인생에 영향을 줄 수 없습니다. 당신은 당신뿐입니다. 모든 행복과 불행은 타인의 행동이 아니라 그에 반응하는 당신의 생각과 태도에 달려 있습니다.

많은 이들이 실제의 자신과 다른 '중요한 사람'이 되고 싶어 합니다. 그러지 마십시오. 당신은 이미 중요한 사람입니다. 당신은 당신입니다. 당신이 자기 본연의 모습으로 존재할 때, 당신은 비로소 행복해질 수 있습니다. 자기 본연의 모습에 평안을 느끼지 못한다면, 진정한 만족도 결코 느낄 수 없습니다. 그러므로 자신의 인생을 살고, 타인의 인생도 존중하십시오. 이는 불교에서 말하는 이른바 '자리이타(自利利他)'로, 내가 행복해야만 남도 행복하게 할 수 있다는 가르침입니다.

> 때때로 네가 얼마나 큰 사람인지
> 세상이 알아차리지 못하는 것 같을 때,
> 산을 이루고 있는 암석들을 떠올려 봐.
> 그 암석들이 얼마나 큰지 보이지 않아도
> 분명히 거기 있듯이,
> 너도 그러하니까.
>
> 메리 린 레이(Mary Lyn Ray)의
> 『딱 맞는 돌을 찾으면(*When You Find the Right Rock*)』 중에서

자존감은 자신을 소중히 여기는 마음으로, 당신만이 당신 자신에게 줄 수 있는 것이며, 자신을 사랑하는 마음은 자신의 존재 가치를 인정하고 존중하는 마음에서 비롯됩니다. 그러므로 자기 자신을 사랑하는 것은 아주 중요한 일입니다. 아일랜드 극작가 오스카 와일드(Oscar Wilde)의 말대로, "자기 자신을 사랑하는 것이야말로 평생 지속될 사랑의 시작"이니까요.

어느 방송인이 수상식 소감을 피력하는 자리에서 과거의 자신에게 사과하고 싶다면서, "너는 꽤 괜찮은 친구였는데 하찮은 사람이라고 내가 너무 무시했던 것 같아. 그리고 너를 비하하는 데 너무 많

은 시간을 써서 미안해."라고 말한 적이 있습니다. 그런가 하면 수필가이자 영문학자였던 피천득 선생께서는, "가진 것을 다 버려도 자기 자신만은 절대로 버리지 말라."고 하셨습니다.

이제껏 바둥대며 치열하게 살아왔던 당신 자신이 가엾고 불쌍하지 않습니까? 이리 치이고 저리 치이며 상처받았던 당신, 남들로부터 무시당하며 가슴 아파했던 당신. 이제부터라도 "너는 괜찮은 사람이었어. 지금부터는 멋지게 여생을 즐겨봐. 고마워. 수고했어."라고 칭찬하며 자신을 따뜻하게 감싸주세요. 그래야만 당신이 살 수 있으니까요, 그래야만 당신이 살아갈 수 있으니까요.

그리고 혹시 이제껏 그릇된 선택을 했고, 만족스럽지 못한 삶을 살아왔다 하더라도, 자기 자신에게 '그래도 괜찮아'라고 '자기 수용'과 '자기 자비(self-compassion)'를 실천해 보세요. 그리고 '매 순간 고민 많이 했고, 최선을 다했으며, 나머지는 어쩔 수 없었고, 불가피했다.'고 자신을 인정하고 존중해 주세요. 우리는 '이 세상에 연습 없이 태어났으므로' 혹여 모자라고 부족한 점이 있다 하더라도, 그것을 다독이고 채워줄 사람은 자기 자신뿐이기 때문입니다.

돌이켜보면, 당신은 이제껏 자신을 몰아붙이기만 했지, 자신을 칭찬해 준 적은 한 번도 없었잖아요. 이제는 당신 자신에게 꽃을 선물할 때이자, 어제보다 행복한 내일을 위해 '잃어버린 삶의 빛'을 되찾아야 할 때입니다. 그리고 진정으로 행복한 사람은 자기 자신을 믿고, 사랑하고, 잘 대하는 사람이지요.

우리는 자신에게 가장 훌륭한 존재여야 합니다. 그리고 자신 안에서 기쁨과 만족을 발견하는 일이 많으면 많을수록 점점 더 행복해질 수 있습니다. 하지만 기쁨과 행복에는 용기가 필요합니다. 마음의 가면을 벗고 민낯으로 자기 안에 있는 기쁨과 행복을 마주할 용기가…

그러므로 타인으로 인해 마음이 복잡하고 어지럽다면, 이렇게 말해 보세요. "영혼아, 너는 지금 마음의 괴로움을 당하고 있구나." 그리고는 자기 자신에게 돌아가서 '남의 삶'이 아닌 '당신의 삶'을 사십시오. 온갖 걱정이 스멀거리고 삶이 헛헛해지는 노년은, '자기답게 살고 싶은 욕망', 즉 '자신의 존재 욕구'를 채우기 위해 애써야 할 시기입니다.

당신은 이번 생에서 얻고자 했던 것을 얻었는가?
그렇다.
무엇을 원했는가?
이 세상에서
나는 사랑받는 사람이고,
사랑받는 존재라고 느끼는 것.

레이먼드 카버(Raymond Carver), 「늦은 단상(Late Fragment)」

지금 하십시오

찰스 스퍼전 (Charles Haddon Spurgeon)

할 일이 생각나거든 지금 하십시오.
오늘은 하늘이 맑지만
내일은 구름이 보일는지도 모릅니다.
어제는 이미 당신의 것이 아니니
지금 하십시오.

친절한 말 한마디 생각나거든
지금 말하십시오.
내일은 당신의 것이 아닐는지도 모릅니다.
사랑하는 사람이 언제나 당신 곁에 머무는 것은 아닙니다.
사랑의 말이 있다면 지금 하십시오.

미소를 짓고 싶거든
지금 웃어 주십시오.
당신의 친구가 떠나기 전에,
장미가 피고 가슴이 설렐 때,
지금 당신의 미소를 보여 주십시오.

불러야 할 노래가 있다면
지금 부르십시오.
당신의 해가 서물면 노래 부르기엔
너무나 늦습니다.
당신의 노래를 지금 부르십시오.

오늘 미소 짓는 이 꽃도 내일이면 시들리라

행복을 즐겨야 할 시간은 지금이다.
행복을 즐겨야 할 장소는 여기다.
행복은 은행 통장처럼 저축해 두었다가
언제든지 찾아 쓸 수 있는 감정이 아니다.
행복은 늘 '순간'이다.
Be Here Now!

로버트 인거솔(Robert Green Ingersoll)

요즈음 한 해 한 해 나이를 먹어가면서 시간이 많아지다 보니 왜 그리 지난날에 대한 회한과 후회가 엄습하는지 모르겠습니다. 좀 더 열심히 살 걸, 나와 인연을 맺었던 사람들에게 좀 더 잘해 줄 걸, 건강관리를 좀 더 잘할 걸, 돈 좀 더 많이 벌어 놓을 걸, 나 자신을 좀 더 챙길 걸 등등 말입니다.

나는, 가끔 후회한다
그때 그 일이
그때 그 사람이

그때 그 물건이

노다지였을지도 모르는데…

더 열심히 파고들고

더 열심히 사랑할걸… (…)

정현종의 「모든 순간이 꽃봉오리인 것을」 중에서

또한 앞으로 맞닥뜨려야 할 노년, 질병, 죽음 등에 대한 공포와 두려움으로 잠을 설칠 때도 종종 있지요. 그런데 러시아의 문호 톨스토이(Leo Tolstoy)는 "어제와 내일을 걱정하지 마라. 우리가 늘 마음에 두어야 할 유일한 날은 오늘뿐"이라고 했습니다. 따라서 우리는 어제와 내일이 아니라 바로 현재, 오늘, 지금, 이 순간을 충실하게 살고 즐겨야 할 권리와 의무가 있습니다.

나는 인간이 지을 수 있는

가장 큰 죄를 지었다.

나는 행복하게 살지 않았다.

호르헤 루이스 보르헤스(Jorge Luis Borges), 「회한(El Remordimiento)」

호라티우스(Quintus Horatius Flaccus)의 『송시(頌詩, *Odes*)』 제1권 11편은 여덟 줄에 불과하지만 모든 행(行)이 필사(必死)의 인간을 위한 진언(眞言)으로 구성되어 있습니다.

우리의 짧은 인생에서

모든 욕심을 버려라.
지금 말을 하는
이 순간에도
우리를 시샘하던
세월은 흘러갔다.
내일을 믿지 마라.
오늘을 즐겨라(Carpe diem).

카르페 디엠(Carpe diem)은 로마 시인 호라티우스의 『송시』에 나오는 말로, '현재를 즐기라(Enjoy the Present, Seize the Day).'는 뜻입니다. 지금 이 순간 당신은 얼마나 현재를 즐기고 있습니까? 또한 지금 이 순간 일어나거나 행하는 일들에 얼마나 몰입하고 있습니까? 유감스럽게도 우리 대부분은 이러한 질문에 쉽게 답을 하지 못합니다.

행복의 중요한 비결은 오늘을 사는 것입니다. 어떤 사람들은 과거에 살면서 이루지 못한 것, 잃어버린 것, 그리고 놓쳐버린 것에 대한 후회에 젖곤 합니다. 우리는 과거를 두 번 다시 살 수 없으며, 이미 과거가 되어버린 어제를 오늘로 되바꿀 수 있는 타임머신도 없습니다. 그러니 걱정 없는 인생을 바라지 말고, 걱정에 물들지 않는 연습을 하십시오.

달콤하고 고요한 사색의 법정으로
지난 일들의 추억을 소환할 때,

갈구했으나 이루지 못한 것들 때문에 한숨짓고,
소중한 시간의 낭비를 한탄하네.

윌리엄 셰익스피어(William Shakespeare)의 『소네트집(*The Sonnets*)』 중에서

또 어떤 사람들은 현재가 아닌 미래에 살려고 합니다. 중·고등학교 때는 대학을 위해 살고, 대학에 다닐 때는 취업을 위해 살며, 취업한 이후에는 승진이나 노후를 위해 사는 것이지요. 이처럼 우리는 미래에 저당 잡혀 살 것이 아니라 현재를 살려고 노력해야 합니다. 어제에 집착하며 내일을 걱정한다는 것은 오늘을 제대로 살고 있지 못하다는 증거이며, 오늘을 충실히 살고 있다면 애써 어제에 연연하거나 내일을 불안해할 이유가 없습니다. 우리가 해야만 할 것은 현재의 매 순간이 인생에서 가장 귀중한 순간임을 철저히 의식하면서 한 번에 하루씩 최선을 다해 사는 것입니다.

그러므로 아무리 후회스러워도 과거에 연연하지 마십시오. 왜냐하면 아무리 후회스러워도 과거는 돌이킬 수 없고 뒤바꿀 수 없기에…. 또한 지나치게 미래를 걱정하거나 염려하지 마십시오. 미래는 불확실하거나 아직 도래하지 않은 것이기에…. 우리가 온 정성을 다해 지극히 충실하게 살아야 하는 것은 현재이고, 오늘이며, 이 순간뿐입니다. 인생은 '매 순간 그 자체'의 집합이며, 모든 '다음'은 '지금'이기 때문입니다.

따라서 매일 아침, 잠에서 깨어나는 순간 이 세상에 태어난다고 생각하고, 하루를 마감하고 잠자리에 드는 순간 이 세상과 하직한다고 생각하십시오. 삶은 순간순간이 아름다운 마무리이자 새로운 시

작이어야 합니다. 또한 임제선사(臨濟禪師)의 말씀처럼, "머무는 곳마다 주인이 되고, 서 있는 자리마다 주인공이 되어야 합니다(수처작주, 隨處作主)."

그러자면 호흡마다 그 순간을 살아야 하고, 현재의 매분 매초를 돌이킬 수 없는 기적으로 받아들이면서 다이아몬드가 찬란한 빛을 받아 영롱하게 빛나는 것처럼 새롭게 맞이하는 매 순간을 온 힘을 다해 불태워야 합니다. 왜냐하면 매 순간이 모여 인생을 이루고, 평범한 하루하루가 쌓여 위대한 명작(名作)을 만드니까요. 우리는 지금부터 매 순간 '나만의 최고 명작'을, '인생이라는 최후의 논문'을 온 정성을 다해 진지하게 써나가야 합니다.

한편, '여정(旅程) 또한 목적이다(The journey is also the destination).'라는 일본 속담은 인생의 과정이 인생의 목적만큼이나 중요하다는 의미입니다. 이는 인생이 단지 목적을 향해 줄달음치는 경주가 아니라 내딛는 걸음마다 누리고 음미하는 '소풍 나선 길'이라는 뜻이기도 하지요. 그러므로 인생을 너무 '살려고만' 하지 말고 가능한 한 '즐기도록' 노력하십시오. 단 한 번 살다 가는 인생인데, 삶에 치이며 오늘을 즐기지 못한다면 그것은 얼마나 억울한 삶일까요? 내일 당장 죽을 수도 있는데…. 인생은 아이스크림과 같은 것이랍니다. 그러니 녹기 전에 즐기십시오. 카르페 디엠!

얼마 전 저와 호형호제하던 모 대학 학장이 심장마비로 갑자기 세상을 떠났습니다. 저의 은퇴 이후의 삶이 무료할 것이라며 애써 자기 대학 사이버 강의 자리를 마련해준 뒤 채 얼마 되지 않아서 말이지요. 그래서 조만간 소주 한잔하자던 우리의 약속은 공염불이 되고 말았습니다. 지금 와서 생각하니 당시 곧바로 술자리를 함께하지 못한 것이 못내 아쉽고 가슴이 미어집니다.

어느 날 노(老) 교수가 강의 도중 학생들에게 빈 종이를 한 장씩 나누어 주고, 각자 10개 항목의 버킷 리스트(Bucket List, 죽기 전에 꼭 해보고 싶은 것들의 목록)를 적어서 제출하라고 했습니다. 잠시 후 학생들이 작성한 목록을 하나하나 읽어 본 교수는 화이트보드를 향해 뚜벅뚜벅 걸어가더니 마커펜으로 'Do it right now(그것을 지금 당장 하시오).'라고 적었다고 합니다. 정말 '알잘딱깔센(알아서, 잘, 딱 맞고, 깔끔하고, 센스 있게)' 교수님이시지요.

그러므로 여러분, 하고 싶은 것이 있으면 내일로 미루지 말고 지금 당장 그것을 하십시오. 시간은 끊임없이 달아나고(Time flies), 세월은 사람을 기다려주지 않는답니다(Time and tide wait for no man). 그리고 '지루한 천국'보다는 '잼(재미있는) 지옥'이 더 낫고, 개똥밭에 굴러도 이승이 더 낫다고들 하지 않던가요?

인생을 꼭 이해할 필요는 없다.
인생은 축제와 같은 것.
하루하루를 일어나는 그대로 살아가라.
바람이 불 때 흩어지는 꽃잎을 줍는 아이들은
그 꽃잎들을 모아둘 생각은 하지 않는다.
꽃잎을 줍는 순간을 즐기고
그 순간에 만족할 뿐.

라이너 마리아 릴케(Rainer Maria Rilke), 「인생(Das Leben)」

진정한 여행

나짐 히크메트 (Nazim Hikmet)

가장 훌륭한 시는 아직 쓰이지 않았다
가장 아름다운 노래는 아직 불리지 않았다
최고의 날들은 아직 살지 않은 날들
가장 넓은 바다는 아직 항해되지 않았고
가장 먼 여행은 아직 끝나지 않았다.

불멸의 춤은 아직 추어지지 않았으며
가장 빛나는 별은 아직 발견되지 않은 별
무엇을 해야 할지 더 이상 알 수 없을 때
그때 비로소 진정한 무엇인가를 할 수 있다.
어느 길로 가야 할지 더 이상 알 수 없을 때
그때가 비로소 진정한 여행의 시작이다.

내 나이가 어때서, 인생은 바로 지금부터

진정한 여행이란
새로운 풍경을 바라보는 것이 아니라
새로운 눈을 갖는 것이다.

마르셀 프루스트(Marcel Proust)

요즘 초고령사회가 급속히 진행되면서, 건강하고 우아하게 늙는 '액티브 에이징(Active Aging)', '헬시 에이징(Healthy Aging)'이 지역 커뮤니티 차원에서 다양하게 시행되고 있습니다. 그중 하나가 지구촌 상수(長壽) 지역에서 통용되는 생활 습관을 정리하여 지역사회에 보급하는 '블루 존 프로젝트(The Blue Zones Project)'인데, 이 프로젝트의 행동 강령 중 하나는 '목적의식을 갖는 삶'입니다. 자신의 존재 이유를 깨닫고 목표를 설정하여 행동하라는 의미이지요(박상철).

우리가 노년을 아무런 목적의식 없이 무료하게 보낸다면, 삶의 질이 현격히 떨어지며 행복하고 건강한 삶을 유지하는 것 또한 불가능해집니다. 반면, 비록 사소한 목적일지라도 목적의식을 갖게 되면 자신감, 생기, 활력 등이 넘쳐나고, 스트레스가 줄어들며, 직면

하고 있는 난관을 극복해 낼 수 있는 정신적 회복력이 생겨납니다. 왜냐하면 목적의식은 삶에 동기와 의미를 부여하고, 잠재력을 발휘하도록 하기 때문이죠. 따라서 우리가 행복하고 건강한 노년을 보내고자 한다면, 매 순간 삶의 목적을 설정하고 이를 성취하기 위해 끊임없이 노력해야 합니다. 정신과 의사 빅터 프랭클이 강조했듯이, 삶에서 의미를 찾으려는 의지야말로 우리를 살아갈 수 있게 해주는 가장 큰 힘이니까요.

영국 시인 T. S. 엘리엇(Eliot)은 그의 시 「사중주(Four Quartets)」에서 "시작이 끝이요(In my beginning is my end), 끝이 시작이다(In my end is my beginning)."라고 했습니다. 사람들이 흔히 생각하는 것처럼 끝은 '아쉬운 말'이 아니라 '설레는 말'이라는 뜻이지요. 가을의 끝에는 '첫눈'이 있고, 사춘기의 끝에는 '첫사랑'이 있으며, 백수 생활의 끝에는 '첫 출근'이 있지 않던가요? 결국 모든 것의 '끝'은 자신이 있었던 자리에 '첫' 자를 데려다 놓고 떠난답니다.

우리는 인생의 굽이마다 지난날을 되돌아보며 늘 후회나 회한에 젖기가 쉽습니다. 하지만 끝이 시작이고, 늦었다고 생각할 때가 가장 빠르지 않던가요? 그렇습니다. 노년이 어때서요? 인생에서 새로운 것을 시작하고 도전하는 데 늦은 나이란 결코 없으며, '최고의 것'은 아직 오지 않았습니다(The best is yet to come). 인생은 바로 지금부터입니다. 왜냐하면 우리에겐 아직 쓰여야 할 멋진 시가, 그리고 불리어야 할 아름다운 노래가 남아 있기 때문입니다. 더구나 아직 살지 않은 날들이 남아 있는 우리는, 아주 행복한 사람들입니다.

그러므로 인생의 황혼기 피날레(finale) 여정을 새로운 각오와 다짐으로 힘차게 내디뎌 보세요. 켜켜이 쌓인 삶과 세월의 무게에 짓눌려 무기력하게 주저앉지 말고, '인생의 오후'를 뜨겁게 불태워서 최상의 금빛 노을을 만들어 보십시오. 새는 날아가면서 뒤를 돌아보지 않으며, 꿈꾸는 자의 마음은 영원히 청춘이랍니다.

노년은 피어나는 꽃이다.
몸은 이지러지고 있지만,
마음은 한껏 차오르고 있다.
지금부터 새 인생이 시작된다.

빅토르 위고(Victor Hugo)

영원히 살 것처럼 오늘을 허투루 보내지 마라.
우리는 모두 형 집행이 유예된 사형수이므로
'지금-여기'에서의 삶을 최선을 다해 살아야 한다.

나이가 들면서
남에게 의존하거나 대접이나 받으려 하면서,
주체적인 삶을 포기한 채
자신에 대한 돌봄과 관리가 소홀하면
인생은 비참하고 초라해지기 마련이다.

꽃처럼 아름답게 피어나는 것은 젊음만이 아니다.
노년의 삶도 최선을 다해 정성껏 가꾸면,
묵은 가지에서도 화사하게 꽃을 피워낼 수 있다.
늦가을 서리가 내릴 무렵에 피는 국화의 향기는
그 어떤 꽃향기보다 귀하고 진하다.

멋지고,
우아하고,
품격 있게 나이가 들어간다는 것은
늙어가는 것이 아니라
곱게 물든 단풍처럼,
잘 익은 포도주처럼,
은빛 금빛으로 수놓인 노을처럼,
세월과 함께
익어가는 것이고,
지혜로워지는 것이고,
풍요로워지는 것이다.

한일동의 「노년 예찬」 중에서

나는 멋지게
나이 들고
싶다

어느 가을날의 초상(肖像)

한일동

노을이 곱게 물든 어느 가을날,
문득 마주한 거울 속에
낯선 듯 익숙한 얼굴이 있다.

희끗희끗한 머리칼과
자글자글 주름진 얼굴보다 더 낯선 것은
움츠러든 마음과 시들해진 열정이다.

세월은 얼굴을 주름지게 하지만
설렘과 열정을 잃는 것은
마음을 주름지게 한다.

우아하게 나이 드는 사람과
초라하게 늙어가는 사람의 차이는
얼굴이 아니라 마음의 상태에 있다.

이제는 얼굴의 주름이 아니라
마음의 주름을 다림질할 시간,
노년을 우아하게 가꿀 시간,
노년을 축복으로 바꿀 시간,
익어가는 인생의 맛과 멋을 음미하며
인생의 끝자락을
가을처럼 아름답게 수놓아갈 시간이다.

노년을 축복으로 여기면서
'나만의 얼굴'을 만들어 가자

사람은 자신의 나이를
따뜻하게 감싸안고 사랑해야 한다.
자신의 나이를 수용하며 살아갈 수 있다면,
인생은 즐거움으로 충만할 것이다.

세네카(Lucius Annaeus Seneca)

우리의 몸과 마음은 단 한 번 주어집니다(Our hearts and our bodies are given to us only once). 그런데 나도 모르는 사이에 마음은 닳아 해지고 몸도 그렇게 됩니다. 즉, 기력은 떨어지고, 활력은 사그라지며, 몸은 의존적으로 변해가고, 남아 있는 시간은 줄어들며, 세월은 생의 마지막 순간을 향해 날개 돋친 전차처럼 휙휙 지나갑니다. 청춘의 색조를 이슬처럼 머금고 젊음의 피가 뜨거웠던 꽃다운 시절에는 '인생의 봄'이 영원히 지속될 줄 알았지만, 무심한 세월은 역시 그 누구도 피해 가는 법이 없습니다.

이처럼 거부하고 싶지만, 우리는 누구나 나이 들고 늙어갑니다. 그리고 '늙음'은 그 누구도 바라지 않는 꺼림칙한 현상이지요. 하지만 늙어가면서 몸은 일그러져도 마음이 차오르는 사람이 있는가 하면, 남에게 의존하거나 대접만 받으려 하면서 품위를 잃는 사람들도 있습니다. 그런데 몸이 늙었다고 비관하거나 의기소침해서 주체적인 삶을 포기한다면 인생은 비참하고 추해 보이기에 십상입니다.

또한 미국 소설가 필립 로스(Philip Milton Roth)가 노년을 '끝없는 박탈 과정'이라고 언급한 것처럼, 우리가 나이를 먹어가면서 '더 이상 할 수 없는 것들'을 한탄하거나 '추억팔이'로 소일하면서 과거에만 집착한다면, 우리는 진짜 노인이 되는 것이지요.

그러므로 노년을 어떻게 관리하고, 돌보며, 가꿀 것인가, 그리고 죽음을 어떻게 맞이할 것인가에 관해 성찰하는 것은 우리 모두에게 주어진 인생의 마지막 과제라고 할 수 있습니다. 왜냐하면 잘 준비된 노년과 그렇지 못한 노년은 삶의 질이 확연히 다르며, 심리학자 칼 융(Carl Gustav Jung)의 말대로, '인생의 오전'을 위해 설계된 프로그램으로 '인생의 오후'를 살 수는 없기 때문입니다. 이제는 '나이 듦'에 대한 기존의 생각과 편견을 떨쳐버리고 '나이 든다는 것'의 진정한 의미를 탐색할 때입니다.

흔히 노후를 멋지게 보내기 위해서는 '건강'과 '돈'이 필수라고 하지만, 제가 생각하기에 이들보다 더 중요한 것은 '마음가짐(mindset, state of mind, 마음의 상태)'이 아닌가 합니다. 프랑스의 철학자 미셸 드 몽테뉴(Michel de Montaigne)가 "늙은이는 얼굴보다 마음에 더 많은 주름이 있다."고 지적했듯, 나이가 들수록 '우아해지는 사람'과 '초라해지는 사람'의 차이는 바로 '마음가짐'에 달려있기 때문입니다.

따라서 우리가 어떤 '마음가짐'으로 '인생의 오후'를 보내느냐에 따라 세월에게 멱살이 잡혀 끌려가는 삶을 살 수도 있고, 활기가 넘치는 다이나믹한 삶을 엮어갈 수도 있습니다. 왜냐하면 세월은 얼굴을 주름지게 하지만, 설렘과 열정을 잃는 것은 우리의 마음을 주름지게 하니까요.

> 나이가 들어가면서
> 멋지게 익어가는 사람과
> 초라해지는 사람의 차이는
> 긍정적 마음가짐의 여부에 달려있다.
> 한일동의「나는 멋지게 나이 들고 싶다」중에서

오늘날 초고령화 사회가 급속히 진행되면서 노년을 꾸려가는 방식도 천차만별입니다. 배화여대 신계숙 교수는 늦은 나이에도 불구하고 남성들의 로망인 할리데이비슨(Harley-Davidson) 오토바이를 몰면서 인생의 '화양연화'를 보내고 있어, 인생 이모작을 꿈꾸는 노년 세대의 롤모델이 되고 있습니다. 이처럼 타성에 젖은 진부한 삶이 아니라 변화구도 적절히 가미한 '힙(hip)한 삶'으로 최근 새롭게 주목받는 세대가 바로 'GG세대(Grand Generation, 액티브 시니어)'입니다.

'GG세대' 란 은퇴를 앞두고 있거나, 은퇴 이후에도 왕성하게 경제·사회·여가활동을 펼쳐가는 55세부터 74세에 이르는 시니어들을 일컫는 말입니다. 이들은 '초고령화 시대의 신주류'로 그 숫자도 1,452만여 명(전체 인구의 28.4%)에 달해, MZ 세대보다도 200만 명

가량이 더 많습니다. 특히 이들 상당수는 교육·생활 수준이 높고, 디지털 활용 능력이 뛰어나며, 배우고 도전하려는 욕구 또한 매우 강하다는 점에서 무기력증에 빠졌던 이전 노인 세대와는 뚜렷한 대조를 보이고 있습니다(원동욱).

이들은 채정호 교수가 그의 저서 『진정한 행복의 7가지 조건』에서 행복에 이르는 조건으로 다음의 일곱 가지를 제시하듯,

1. 모든 것을 있는 그대로 적극적으로 경험하라(수용).
2. 어제보다 '더 나은 나'를 목표로 삼아라(변화·발전).
3. 타인과 함께하는 삶의 가치를 찾아라(연계).
4. 내 성격의 장점을 파악해서 '나답게' 살아라(주체적 삶).
5. 삶이 문제에 대처할 능력을 키워라(지혜).
6. 마음에서 빠져나와 몸으로 살아라(신체 활동).
7. 삶의 의미를 찾으려면 현실 너머를 봐라(종교 생활).

자신의 나이, 환경, 상황, 변화 등에 굴하지 않고, 노년을 또 다른 도전과 발전의 시간으로 활용하여 삶을 주체적으로 꾸려가는 '시니어 인플루언서(senior influencer)'이자 '인생의 오후'를 뜨겁게 불태우고 싶어 하는 사람들입니다. 즉, 오늘을 자신의 인생에서 '가장 젊은 날'로 여기면서, 늘 새로운 일에 도전해서 활기찬 노년을 만들어 가는 사람들입니다. 인생에서 너무 늙은 나이란 결코 없습니다. 또한 너무 늙어서 못 할 일이란 결코 없습니다.

일찍이 에이브러햄 링컨(Abraham Lincoln) 대통령은 "나이 마

흔이 넘으면 자기 얼굴에 책임을 져야 한다."고 했고, 키케로는 "노인의 아우라(aura)는 백발이나 주름살에서 나오는 것이 아니라 고상하고 품격 있게 보낸 세월의 마지막 결실"이라고 했습니다. 이렇듯, 얼굴은 '얼의 꼴'이란 뜻으로 자신의 내면세계가 그대로 드러난 형태이니만큼, 우리는 나이를 먹을수록 외면과 내면의 품격을 가꾸는 삶, '괜찮은 노인'의 삶을 지향해야 합니다.

우리가 세월과 함께 풍진 세상을 살아오다 보니 이제는 얼굴에도 마음에도 주름이 많이 졌지만, 지금부터 그 주름을 펼 것인지 말 것인지는 오롯이 내 책임이며, 내가 하기 나름입니다. 결국 우리의 얼굴과 마음은 타인에 의해서가 아니라 자기 스스로 만들어 가는 것이기 때문이지요. 당신은 어떤 얼굴, 어떤 마음을 갖고 싶으신가요? 비록 나이는 들어갈지라도 매 순간 꽃처럼 새롭게 피어나는 삶을 살면서, 나만의 '우아한 얼굴', 나만의 '푸른 마음'을 가꾸어 보면 어떨까요.

많은 사람이 나이에 쫓기고 세월에 놀라
노년 신화에 쉽사리 굴복한다.
그러나 몸의 늙음이 정신의 늙음을 의미하지는 않는다.
우리를 빨리 늙게 하는 것은 노년에 대한 잘못된 관념이다.
애슐리 몬터규(Ashley Montagu)

나이가 들어간다는 것은
포도주처럼 익어가는 것이다

채환

젊어서는 돈, 명예, 권력, 인기가 있어야 살기가 편하지만
늙어서는 건강이 있어야 살기가 편하다.

젊어서는 돈과 재력을 쌓느라 건강을 해치고
늙어서는 쌓아둔 돈과 재물을 허물어 건강을 지킨다.

재산이 많을수록 죽는 것이 억울하고
인물이 좋을수록 늙는 것이 억울하다.

재산이 많다 해도 저승에 가져갈 방법 없고
인물이 좋다 해도 죽어서 썩지 않는 사람 없다.

나이를 먹을수록 걱정과 불안이 점점 많아진다.
그것은 비단 나뿐만이 아니라,
나이가 들면 누구나 다 그런 것이다.
그러므로 괜한 것들로 스트레스받지 말고
가끔은 될 대로 되라는 식으로 내려놓는 것이 필요하다.

사람에게 너무 집착하거나 마음을 쓰지 마라.
또한 사랑과 우정 등을 목숨 걸고 지키려 하지 마라.
시간이 지나고 나이가 들다 보면
모든 인연은 물 흐르듯 흘러간다.
함께 할 인연은 함께하고
흘러갈 인연은 저절로 떠나간다.
그러므로 인연이나 존재에 너무 연연하지 마라.

사람을 변화시키려고 하지 마라.
아무리 가까운 가족, 친지, 연인, 친구라 할지라도
사람을 변화시키려는 것은 오만이다.
사람은 자신의 인생에서 변할 계기가 있어야만 변한다.
그때까지 사람은 쉽사리 변하지 않는다.
아들·며느리·딸·사위·손주들에게만 매달려 살지 말고,
때로는 기분 전환을 하면서 숨통이 트이는 삶을 살아라.
자식도 중요하지만, 당신 자신만의 즐거움도 찾도록 해라.
그것이 자녀들에게 더 큰 즐거움이 될 수 있다.

나이가 들수록 몸과 마음을 잘 다스려야 한다.
몸에 좋은 식사와 운동으로 건강을 챙기고
명상과 수행을 통해,
마음을 다스릴 수 있는 시간과 공간을 마련해야 한다.

나이가 들수록 재물과 물질이 행복을 가져다주는 것이 아니라
마음의 평화가 바로 행복이라는 것을 깨닫게 된다.
그러므로 속고 속이며, 쫓고 쫓기면서
숙제 같은 인생, 허덕이던 날들은
흘러가는 세월 속에 잠시 던져두고
이제는 몸과 마음을 챙기면서

늘 감사하는 마음으로 살도록 해라.

나이가 들수록 점점 더 무료하고 무덤덤해지니
자신만의 취미를 키우도록 해라.
손쉽게 할 수 있으면서도 마음껏 즐길 수 있는
나만의 취미를 가꾸려고 노력해라.

나이가 들수록 점점 더 고독하고 외로워지니
고독과 침묵 속에서도
마음의 평화와 행복을 느낄 수 있도록
자신의 내면을 가꾸는 훈련을 해라.

우리는 영원히 살 것처럼
욕심내고 집착하고 교만하지만
결국 모든 존재는 사라진다.
이 세상에 태어나는 모든 것들은 결국 죽는다.
그래서 세상은 공평하다.

죽음은 모든 것을 내려놓고 가는 마지막 길이다.
죽은 이가 입고 가는 수의(壽衣)에는 주머니가 없다.
모든 것들을 다 두고 간다.
아무것도 가져가지 못한다.
이것은 자연의 이치이자 하늘의 섭리이다.

오래 숙성된 포도주는
갓 담근 포도수와는 비교할 수 없을 정도의
맛과 향이 있다.
그러므로 인생의 황금기는 바로 노년이다.

나이가 들어간다는 것은
늙어가는 것이 아니라
곱게 물든 단풍처럼,
잘 익은 포도주처럼,
익어가는 것이고,
지혜로워지는 것이다.

잘 익은 포도주처럼, 곱게 물든 단풍처럼

행복하고 바람직한 삶을 살 줄 모르는 사람에게
인생은 언제나 버겁고 힘들기 마련이다.
자신에게서 좋은 것을 찾아낼 수 있는 사람은
자연의 섭리 중 그 어느 것도
재앙으로 여기지 않는다.
그 대표적인 예가 바로 노년이다.

키케로의 『노년론(*Treatises on Friendship and Old Age*)』 중에서

우리는 젊음이 영원할 줄 알았지만, 세월은 역시 그 누구도 피해 가지 못합니다. 미국 시인 시어도어 로에트케(Theodore Roethke)는 "너의 젊음이 너의 노력으로 얻은 상이 아니듯, 나의 늙음도 나의 잘못으로 받은 벌이 아니다."라고 했습니다. 이렇듯 노화(老化)는 게으른 사람에게만 찾아오는 징벌이 아니라 누구나 맞이하는 자연스러운 현상입니다. 또한 오늘날 '안티에이징(anti-aging)'이라는 말이 유행하는 것은, 젊음은 멋지고 아름다운 것이며, 노화는 추하고 혐오스러운 것이기 때문에, 나이를 먹을수록 오직 불행만이 자신을 기다리고 있다는 부정적인 인식에 기초한 것이지요.

하지만 MZ 세대의 멘토이자, 『햇빛은 찬란하고 인생은 귀하니까요』의 저자 장명숙 씨는 "젊음을 왜 부러워하나. 어차피 그들도 다 늙을 텐데."라고 했으며, 조너선 라우시(Jonathan Rauch)는 『인생은 왜 50부터 반등하는가(The Happiness Curve)』라는 자신의 저서에서 노화의 평가절하에 반기를 들며, 인생의 만족도는 40대에 최저점에 달했다가 50대부터는 오히려 반등한다고 주장하고 있습니다.

왜냐하면 은퇴나 정년이란 더 이상 일을 안 하고 노는 것이 아니라, 그동안 마지못해서 했던 일들을 그만두고 진정으로 자신이 하고 싶었던 일을 시작하는 시점이며, 노화란 삶의 특정 단계로 넘어가는 현상이 아니라 지속되는 삶의 연장일 뿐이기 때문입니다. 또한 인간의 행복 곡선도 '성장 → 설정 → 위기 → 쇠락'으로 이어지는 역 U자형 곡선이 아니라, 어느 때부터는 나이가 들수록 행복이 증가하는 U자형 곡선을 그린다는 것이지요. 따라서 우리는 나이를 먹어가면서 아등바등하며 '안티에이징'에 집착할 것이 아니라, 우아하고 품위 있게 나이 들어갈 수 있는 '석세스 에이징(Successful Aging)'을 추구해야 할 것입니다(서정원).

'석세스 에이징' 즉, '나답게 나이 들기'란 형식과 인습에 얽매여 가식적으로 살아온 내 본연의 모습을 되찾는 것이고, 못나면 못난 대로 부족하면 부족한 대로 '그래, 이게 나야'라고 자신을 긍정적으로 받아들이는 것입니다. 즉, 나이가 들면 드는 대로, 늙으면 늙는 대로, 주름살이 생기면 생기는 대로, 머리가 하얘지면 하얘지는 대로, 또 병이 나서 아프면 '그동안 너무 부려 먹어서 그런가 보다',

혹은 '익어가느라고 그런가 보다' 라고 담담하게 수용하고 순응하는 것입니다.

만일 몸이 그대를 거부하거든,
몸을 초월하라.

If your Nerve, deny you –
Go above your Nerve –

에밀리 디킨슨(Emily Dickinson)

우리가 '노년' 이라 하면 흔히 '한가하고 무료하다, 몸이 마음대로 움직여주지 않는다, 병치레가 잦다, 죽는 날을 기다리는 시간이다 등등' 부정적인 말들을 떠올리지만, 이러한 통속적 관념에 빠져서 노년을 보내서는 결코 아니 됩니다. 마시 코트렐 홀(Marcy Cottrell Houle)과 엘리자베스 엑스트롬(Elizabeth Eckstrom)은 그들의 공동 저서 『살아가는 힘은 어디에서 나오는가(*The Gift of Aging*)』에서, "노화를 대하는 긍정적 태도가 기대 수명을 실제로 7년이나 더 연장한다."고 주장하고 있습니다.

따라서 우리는 나이를 먹어가며 '혐로(嫌老) 사회' 에 편승해서 자신을 재단하고 비하할 게 아니라 긍정적 마음가짐으로 자신 있고 당당하게 노년을 살아가야 합니다. 왜냐하면 '인생의 오후' 는 '허허(虛虛)하지만 실실(實實)한 시기' 로 이때부터 새로운 삶이 시작되며, 우리는 죽기 직전까지 자기 생애에서 '최고의 자신' 을 만들어

갈 수 있기 때문입니다. 또한 루스벨트 대통령의 부인 엘리너 루스벨트(Anna Eleanor Roosevelt)의 말대로, "아름다운 젊음은 우연한 자연현상이지만, 아름다운 노년은 예술작품"이기 때문입니다.

봄에는 산과 들에 다양한 꽃들이 피어납니다. 꽃들만이 아니라 움트는 새싹들도 참으로 아름답습니다. 하지만 화사하게 피어나는 꽃과 파릇파릇 돋아나는 새싹들만 아름다울까요? 아닙니다. 가을에 곱게 물든 단풍도 그에 못지않게 아름답습니다. 따라서 우아하게 나이가 들어간다는 것은, 늙어가는 것이 아니라 '찐 나다움'을 추구하면서, 곱게 물든 단풍처럼, 잘 익은 포도주처럼, 은빛 금빛으로 수놓인 노을처럼, 세월과 함께 익어가는 것이고, 지혜로워지는 것이며, 내면이 더욱 여유롭고 풍요로워지는 것입니다.

> 내가 늙은 사람이 된 것은 저절로 된 것이 아닙니다.
> 그동안 많은 세월을 살아왔고 견뎌왔기에
> 늙은 사람이 될 수 있었던 것입니다.
> 나는 늙은 사람이 된 것을 불평하거나 후회하지 않습니다.
> 늙어서 좋은 사람은 젊어서도 좋았을 것이기에
> 내가 사랑하고 원하는 삶은
> 지금 이대로 충실하게 사는 것입니다.
> 더 많은 것을 바라거나 꿈꾸지도 않습니다.
> 매 순간 주어진 현재를
> 그저 최선을 다해 살고자 할 뿐입니다.
>
> 나태주의 『부디 아프지 마라』 중에서

여유

윌리엄 헨리 데이비스 (William Henry Davies)

근심으로 찌들어, 가던 길 멈춰 서서
잠시 주위를 돌아볼 여유가 없다면 얼마나 가련한 인생일까.

양이나 젖소들처럼
나무 아래 멈춰 서서 한가로이 바라볼 여유가 없다면.

숲을 지나칠 때
다람쥐들이 풀숲에 도토리 감추는 것을 바라볼 여유가 없다면.

환한 대낮에도 밤하늘처럼
별이 총총한 시냇물을 바라볼 여유가 없다면.

아름다운 여인의 눈길에 매료되어
뒤돌아서 그 아리따운 발걸음을 지켜볼 여유가 없다면.

눈가에서 시작한 그 여인의 미소가
입가로 살포시 번지는 것을 기다릴 여유가 없다면.

그런 인생은 가련한 인생, 근심으로 찌들어
가던 길 멈춰 서서 잠시 주위를 돌아볼 여유가 없다면.

씨앗처럼 정지하라, 꽃은 멈춤의 힘으로 피어난다

세상은 빨리 내달리려고만 한다.
하지만 더 멀리 나아가는 힘은
일상의 멈춤에서 나온다.
꽃씨가 고요히 멈춰,
때를 기다리는 힘으로 꽃을 피워내듯이…
신동욱, 《TV조선 앵커의 시선》 중에서

"세월은 유수와 같아서 같은 강물에 두 번 다시 발을 담글 수 없다."는 말은, 세월이 빠르다는 것과 일단 한 번 지나간 세월은 영원히 되돌릴 수 없다는 사실을 비유적으로 표현한 말입니다. 나이를 먹어가면서 누구나 느끼는 것이지만, 세월이 10대는 시속 10킬로미터로, 20대는 20킬로미터로, 30대는 30킬로미터로, 40대는 40킬로미터 등으로 화살처럼 날아갑니다. 세월의 속도가 나이에 비례해서 현기증이 날 정도로 빠르다는 것을 비유적으로 표현한 말이지요.

하지만 세월이 너무 빠르거나, 나를 둘러싼 세상이 너무 바쁘게 돌아간다고 느낄 때면, 잠시 가던 길 멈춰 서서 '지금 내 마음이 바쁜 것인가, 아니면 세상이 바쁜 것인가?' 하고 자문해 보십시오. 아마도 세월의 속도는 일정할 뿐인데 처한 상황에서 저마다 느끼는 주관적 속도만이 다를 뿐입니다. 그러기에 아일랜드의 극작가 오스카 와일드는 "인생은 원래 복잡하지 않은데, 우리가 복잡한 것(Life is not complex. We are complex)"이라고 했습니다.

요즘 우리는 너나 할 것 없이 '쉼 결핍증후군(칼빈대 이영길 교수가 그의 저서 『나는 홀가분하게 살고 싶다』에서 정의한 용어)'에 걸려서 전속력으로 달리는 삶을 살고 있습니다. 마치 잠시라도 멈추면 죽을까 싶어 '여행자가 아닌 심부름꾼' 처럼…. 그러다 보니 인생이 너무 빨리 지나갑니다. 우리는 왜 벼락공부나 숙제하듯 브레이크 없이 액셀만 밟는 숨 가쁜 삶을 살아야만 하나요? 타인들의 북소리에 보조를 맞추기보다는 자기 영혼의 음악에 보조를 맞추며 사는 방법은 진정 없는 것인가요? 어째서 남들과 보조를 맞추기 위해 자신의 봄을 여름으로 바꾸어야만 한단 말인가요?

오래전 유럽의 아프리카 초기 탐험대가 가이드로 고용한 원주민과 함께 밀림을 헤치며 목적지를 향해 정신없이 걸어가고 있었습니다. 그들은 사흘 동안 무언가에 쫓기듯이 서둘러 전진하기만 했습니다. 나흘째 되던 날 가이드가 덥석 주저앉더니 더는 못 가겠다고 고집을 부렸습니다. 단단히 화가 난 탐험대가 그 이유를 묻자, "저희는 지금까지 잠시도 쉬지 않고 서둘러 왔습니다. 이제 내 영혼이 따라올 시간을 주기 위해 휴식을 취하면서 기다려야겠습니다."라고 답했다고 합니다.

자비네 예니케(Sabine Jaenicke)는 그의 저서 『느릿느릿 살아라 (*Die Zeit Kann Man Anhalten*)』에서, "우리는 시간을 멈추게 할 수 있고, 시간을 초월한 느림의 공간에서 모든 일을 느긋하게 그리고 온전히 할 수 있다."고 했습니다. 우리는 애써 삶을 바쁘고 복잡하게 만들면서 마치 밀린 숙제하듯 인생을 팍팍하게 살아가는 것은 아닌지요?

따라서 지금 이 순간 아무리 바쁘더라도, 가던 길 멈춰 서서 잠시 푸른 하늘을 바라보거나, 길가에 흐드러지게 피어있는 꽃들을 감상하는 여유를 가져보면 어떨까요? 고즈넉한 저녁에 잔잔한 클래식 음악을 틀어놓고, 김이 모락모락 피어오르는 찻잔을 기울이며, 차분함을 덧대는 '차 한 잔의 여유'를 즐겨보는 것은 어떤지요? 빠름과 속도가 최우선시되는 숨 가쁜 삶 속에서, 우리가 진정으로 '인생은 아름답다'고 느끼는 순간은 바로 이와 같은 느림의 공간에서 '잔잔한 삶의 여백을 음미할 때'입니다. 쉼은 삶의 도구가 아니라 바로 목적이니까요.

생각해보면 우리는 지금 산다고 살고 있지만 정말로 제대로 사는 것이 아닙니다. 세상이 너무 정신없이 돌아가다 보니 잠시도 멈춰 설 여유가 없기 때문이지요. 그리고 언젠가는 모든 것을 미련 없이 내려놓고 떠나야 하는 짧을 인생을 살면서 왜 그리 아등바등하고 허둥대며 사는 것인가요?

그러므로 '한도 초과 사회(자신의 한도를 넘어 바쁘게 뛰어야만 하는 경쟁 사회)'에서 성취를 위해 쉼 없이 달려오느라 지칠 대로 지친 당신이여, 이제는 과속과 감속의 균형을 잡아줄 '미니 브레이크(작은 쉼)'가 필요한 시기입니다. 오늘 단 하루만이라도 사방에서 세상이 부추기는 서두름이나 조급함에 물들지 말고, 나만의 속도·

리듬·몸짓으로 느긋하게 춤을 추면서, 나 자신에게 '느긋한 쉼'을 선물하는 여유를 가져보면 어떨까요? 밤하늘의 별만 따려고 손을 뻗는 사람은 자기 발아래 피어있는 예쁜 꽃들을 보지 못하며, 행복은 산봉우리가 아니라 산봉우리에 이르는 여정 그 자체에 있는 것이랍니다.

인생은 즐기며 사는 어떤 것이지,
더 나은 것이 되기 위한 고통의 여정이 아니다.
인생은 천국으로 가기 위한 목적으로
서둘러 도착해야 할 행선지가 아니라,
길가에 피어있는 꽃들을 감상하는 것이다.
우리에게 주어진 중요한 문제는
인생 그 자체를 즐기는 것이다.

에드워드 드 보노(Edward de Bono)

꽃이나 새는 자기 자신을
남과 비교하지 않는다

법정

꽃이나 새는 자기 자신을
남과 비교하지 않는다.
저마다 자기 특성을 마음껏 드러내면서
우주적인 조화를 이루고 있다.

비교는 시샘과 열등감을 낳는다.
남과 비교하지 않고 자기 자신의 삶에 충실할 때
그런 자기 자신과 함께 순수하게 존재할 수 있다.

사람마다 자기 그릇이 있고 몫이 있다.
그 그릇에 자기 몫을 채우는 것으로 자족해야 한다.
그리고 자신을 안으로 살펴야 한다.

지금 내가 순간순간 행하고 사는 것이
인간다운 삶인가,
나답게 살고 있는가,
스스로 점검해야 한다.

무엇이 되어야 하고 무엇을 이룰 것인가,
스스로 물으면서
자신의 삶을 만들어 가지 않으면 안 된다.

누가 내 삶을 만들어 주는가,
내가 내 삶을 만들어 갈 뿐이다.
그런 의미에서 인간은 고독한 존재이다.
저마다 자기 그림자를 거느리고
휘적휘적 지평선 위를 걸어가고 있지 않은가.
자기 자신을 만들기 위해서.

해와 달은 서로 비교하지 않는다, 그들은 단지 그들의 시간대에 빛나고 있을 뿐이다

장미는 해바라기가 될 수 없고
해바라기는 장미가 될 수 없다.
하지만 장미나 해바라기는 모두
각자의 아름다움을 지니고 있다.

미란다 커(Miranda Kerr)

　우리는 모두 이 세상에 태어날 때 저마다 다른 그릇을 가지고 태어납니다. 어떤 사람은 작은 그릇을 가지고 태어나고, 또 어떤 사람은 큰 그릇을 가지고 태어납니다. 우리는 이것을 흔히 '운명' 또는 '사주팔자'라고 하지요. 그런데 작은 그릇을 가지고 태어난 사람이 큰 그릇을 채우려 한다거나, 큰 그릇을 가지고 태어난 사람이 작은 그릇을 채우려 한다면 우리는 곧바로 불행의 늪에 빠지게 됩니다. 자기 그릇 즉, 자기 분수에 맞는 삶을 살려고 하지 않기 때문이지요.
　이 세상에 머무는 아름다운 존재들은 결코 자신을 타자와 비교하려 들지 않습니다. 해바라기는 키 작은 채송화를 깔보지 않으며, 채송화는 키 큰 해바라기를 부러워하지 않고, 서로 조화를 이루면서 더불어 살아갑니다. 각자가 자기 분수에 충실한 까닭이지요. 만물은 제 분수에 걸맞은 존재가치를 다할 때, 그리고 자기만의 아름다움으로 빛날 때 가장 아름답습니다.

크든 작든
내 몫이면 족할 것이요
잘났든 못났든
나 됨이 마냥 행복하여라
이채의 「나 됨이 행복하여라」 중에서

언뜻 보면 하루하루가 비슷해 보이고, 인간의 삶이 거기서 거기 같아 보이지만, 자세히 들여다보면 상당히 다릅니다. '아름답다'는 말은 순수 우리말로, '아름'은 '나'를 뜻하는 말입니다. 따라서 '아름답다'는 말은 어원적으로 '나답다'는 의미이므로, '아름다운 인생'이란 남의 시선에 개의치 않고 '나답게 사는 인생'을 일컫는 것이지요.

이스털린의 역설(Easterlin's Paradox)이란 미국의 경제학자 리처드 이스털린(Richard A. Easterlin)이 1974년에 주장한 개념으로, 소득이 일정 수준을 넘어 기본 욕구가 충족되면 소득이 늘어나도 행복은 더 이상 증가하지 않는다는 이론입니다. 남보다 조금이라도 더 벌고 더 크게 성공하는 것이 행복의 기준이 되고, 유독 '포모 증후군(FOMO, Fear of Missing Out, 소외되는 것에 대한 두려움)'이 심한 우리나라에서는 더더욱 그러하지요.

우리나라처럼 국토면적이 작고 인구밀도가 높아 타인과의 비교가 일상이 되어버린 고달픈 인생 여정에서, 우리는 갈대처럼 늘 흔들리고 휘어질 수밖에 없지만, 나만의 적당과 적정의 기준에 따라 살려고 노력한다면 비록 휘어질지언정 꺾이지는 않겠지요. 그리고 비바람 속에서도 갈대의 적정함이 중용에 있듯, 인생이란 매번 흔들리면서도 '나만의 중심', '나만의 정체성'을 찾는 과정이 아닐까요 (백영옥).

> 인생에서 가장 후회되는 것은
> 나 자신이 원하는 삶을 살지 않고
> 남들이 원하는 삶을 산 것이다.
>
> 섀넌 엘더(Shannon L. Alder)

네, 그렇습니다. 우리가 세상의 흐름에 따르다 보면, 마르틴 하이데거(Martin Heidegger)의 말처럼 '비본래적' 삶을 살게 됩니다. 삶에 대한 자신만의 가치 척도와 생각 대신 타인이 정한 기준에 따라 살려고 하기 때문이지요. 왜 행복을 내가 아닌 남들에게서 찾으려고 하나요? 더 이상 남의 기대, 남의 말, 남의 감정, 남의 행동 같은 것들에 에너지를 낭비하지 마십시오.

요즘은 점점 좁아지는 세상에서 SNS의 과포화로 인해 '비교'가 더욱 심화되고 있는데, 비교에는 다음 세 가지 오류가 있습니다. 즉, 비교의 기준이 '나'이고, 전체가 아닌 '부분'이며, 과정이 아닌 '결과'에 국한된다는 것이지요. 그런데 행복과 불행의 총합은 비슷하다는 '행복 총량의 법칙'에 따르면, 우리의 행복과 불행은 그 누구에게나 비슷합니다. 즉, 비와 눈이 우리 모두에게 공평하게 내리듯, 행운이나 불행도 우리 모두에게 공평하게 주어진다는 것이지요. 그런데 우리가 타인과 타인의 비교가 아닌 나와 타인의 비교, 전체가 아닌 일부의 비교, 과정이 아닌 결과의 비교, 하향식 비교가 아닌 상향식 비교에 집착할 때, 우리는 상대적 박탈감과 열등의식에 곧잘 빠져들게 되며, 남는 것은 단지 무력감과 허무뿐이지요(김한수).

과거와 다르게 요즈음은 미세먼지와 과다한 빛의 노출로 밤하늘에서 총총히 빛나는 별들을 좀처럼 볼 수 없지만, 하늘에는 시인 윤동주가 그토록 사랑했던 수많은 별이 있습니다. 따라서 우리는 단 하나밖에 없는 태양과 달이 되려고 과도한 경쟁으로 '번아웃 증후군'에 시달리기보다는, 밤하늘에서 반짝이는 나만의 별이 되려고 노력해야 합니다. 다시 말해서 남보다 우월해지고 싶은 허상을 좇기보다는 '나만의 삶', '나만의 색깔', '나만의 정체성(Identity)', '찐 나나움', '니 됨'을 추구해야 한다(Have Your Own Color)는 것이지요. 가브리엘 샤넬(Gabrielle Chanel)이 말했듯, 우리는 모두 태어날 때부터 단 하나뿐인 '오리지널(Original)'입니다. 그렇다면 왜 굳이 남을 따라 해야 할까요?

> 나 자신이 '진짜 나'가 되어야
> 진정 내가 누구인지
> 내가 어떻게 살아야 하는지를 알게 된다.
> 법정 스님의 『진짜 나를 찾아라』 중에서

이 지구상에 존재하는 수십억 명의 사람 중 똑같은 지문이나 똑같은 얼굴을 가진 사람이 한 사람도 없다는 것은 참으로 놀랍고 신기한 일입니다. 모든 사람이 저마다 다릅니다. 따라서 자신을 남과 비교하여 자기 연민, 자기 학대, 열등의식, 상대적 박탈감에 시달리지 말고 '당신 고유의 색깔'을 가지려고 노력하십시오. 당신이 타인과의 비교 버튼을 끄고 '홀로서기'를 통해 자기만의 색깔로 빛날 때, 당신은 '비교 지옥'에서 탈피하여 세상의 유일무이(唯一無二)한 존재들과 더불어 귀하고 아름다운 존재로 자리매김하게 될 것입니다. 사람은 '나답게 살며' '나다운 꽃을 피울 때'가 가장 아름다우며, 하느님께서는 그 어떤 색, 그 어떤 모습의 꽃도 편애하지 않으신답니다.

나는 들꽃의 아름다움에 놀라워하며 꽃에게 말했다.
"이렇게 완벽하지만, 아무런 주목도 받지 못하고,
때로는 누구의 눈에 띄지도 않은 채
화려하게 피었다가 시들어 버리네."
그러자 들꽃이 대답했다.
"바보야. 내가 남에게 보이려고 꽃을 피우겠니?
다른 이를 위해서가 아니라 나를 위해서야.
내 마음에 들기 때문에 꽃을 피우는 거야.
나의 즐거움과 기쁨은 꽃을 피우는 데 있고,
내가 존재하는 것에 있어."

김미조 편역, 『쇼펜하우어의 슬기로운 철학 수업』 중에서

금이 간 항아리

작자 미상

1
어떤 사람이 양어깨에 지게를 지고 물을 날랐다.
오른쪽과 왼쪽에 각각 하나씩 항아리가 있었다.
그런데 왼쪽 항아리는 금이 간 항아리였다.
물을 가득 채워 출발했지만
집에 오면 왼쪽 항아리의 물은 반쯤 비어 있었다.
금이 갔기 때문이다.
반면에 오른쪽 항아리는 물이 가득 찬 모습 그대로였다.
왼쪽 항아리는 주인에게 너무 미안한 마음이 들었다.
그래서 주인에게 요청했다.

"주인님, 제가 할 일을 제대로 못 해서 죄송해요.
금이 간 저 같은 항아리는 버리고 새것으로 바꾸세요."

그때 주인이 금이 간 항아리에게 말했다.

"나도 네가 금이 간 항아리라는 것을 알고 있다.

네가 금이 간 것을 알면서도 일부러 바꾸지 않는단다.
우리가 지나온 길 양쪽을 바라보아라.
물 한 방울도 흘리지 않은 오른쪽 길은
아무런 생명도 자랄 수 없는 황무지이지만,
왼쪽 길에는 아름다운 풀과 꽃이 무성하게 자라지 않니?
너는 금이 갔지만, 너로 인해
많은 생명이 자라나는 모습이 아름답지 않니?
나는 그 생명체들을 보며 행복을 느낀단다."

많은 사람이 완벽을 추구한다.
자신의 금이 간 모습을 부끄럽게 여긴다.
어떨 때는 자신을 가치 없는 존재로 여겨 상심에 빠지기도
한다.
그러나 세상이 삭막해지는 것은 금이 간 인생 때문이
아니라
너무 완벽한 사람들 때문이다.
당신은 금이 가지 않은 남편인가?

그래서 아내가 힘들어하는 것이다.
당신은 금이 가지 않은 아내인가?
그래서 남편이 힘들어하는 것이다.

2
아버지와 어머니가 모두 명문대를 나온 어떤 아이가 있었다.
그런데 부모의 완벽함 때문에 그 아이가 죽어가고 있었다.
부모는 아이가 2등을 해도 만족할 줄을 몰랐다.
심지어 반에서 1등을 해도 전교 1등을 해야 한다고 다그쳤다.
그 아이의 심성이 사막처럼 메말라 갔다.
좀 금이 가면 어떤가?
좀 틈이 있으면 어떤가?
좀 부족하면 어떤가?
세상을 삭막하게 만드는 똑똑한 인간들이 너무나도 많다.

3
영국 의회에 어떤 초선 의원이 있었다.

의회에서 연설하는데,
청산유수처럼 너무나도 완벽한 연설을 했다.
연설을 마치자마자 그는 연설의 대가인 윈스턴 처칠에게로
갔다.
그러고는 자기의 연설에 대해 평을 해 달라고 부탁했다.
물론 처칠로부터 훌륭한 연설이었다는 평과 함께 칭찬을
기대했다.
그러나 처칠의 대답은 의외였다.

"다음부터는 말을 좀 더듬적거리게나.
너무 완벽하면 정떨어진다."

한 방울의 물도 떨어뜨리지 않는 항아리가 황무지를 만든다.
옛말에 등 굽은 소나무가 선산을 지킨다고 했다.
금이 갔기 때문에 훌륭한 인생을 살다간 사람들이 무척이
나 많다.
그리고 스스로 왕자병과 공주병의 자만심에 빠져

주변 사람들을 무시하고, 교만하고, 거만하고, 까탈을 부리다가
실패한 삶을 살다간 사람들이 너무나도 많다.

당신은 어떤 길을 택하겠는가?

인간은 작업 중인 미완성 작품이다

우리는 불완전한 존재로 태어나
넘어지고 실수하면서 성장해 간다.
때론 좌절도 하고 후회도 하지만
그 속에서 배우고 깨우치면서
성숙한 존재로 거듭난다.
한일동의 『세계의 명시 산책』 중에서

　이 세상을 조금의 실수나 잘못도 없이 완벽하게 살 수만 있다면 좋겠지만, 사실은 그렇지 못한 것이 현실입니다. 우리가 아무리 성실하고 흠 없이 세상을 살고자 노력할지라도 우리는 신이 아닌 인간이기에 때로는 실수도 하고 잘못도 저지르기 마련이지요. 그래서 우리는 오스카 와일드의 말대로, "저마다 가슴속에 상처를 안고 살아가는 가엾은 존재"입니다.

　주변에서 '완벽주의'나 '있어빌리티(있어ability: 실상은 별것이 없지만 뭔가 있어 보이려고 자신을 포장하거나 과시하는 행위)'라고 불리는 경향을 추구하는 사람들을 보십시오. 얼마나 숨이 막히고 인간 냄새가 나지 않습니까? 항상 허하고 부족하다고 느끼면서 남보다 더 갖고, 더 잘하고, 더 내달려야 한다고 안달복달하는 사람들 말입니다. 이들의 마음속에는 '모든 것을 완벽하게 해내지 못하면 나는 실패자다.'라는 생각이 늘 내재해 있지요. 그러나 인간이 만든 훌륭한 발명품들은 거의 모두가 실수를 거듭해도 포기하지 않는 강인한 인간 정신에서 비롯됐으며, 실수는 언제나 다음 번에 더 잘 해낼 수 있는 기회를 제공했습니다.

사람은 허점도 있고 실수도 해서 언제고 다가갈 여지가 있어야지, 찔러서 피 한 방울도 나오지 않는 완전무결한 사람은 좀 징그럽지 않습니까? '너무 맑은 물에는 물고기가 살지 않는다'는 말이 있지요. 좀 모자라면 어떻습니까? 좀 부족하면 어떻습니까? 좀 흠이 있으면 어떻습니까? 미국의 극작가 테네시 윌리엄스(Tennessee Williams)의 말대로, "인간은 작업 중인 미완성 작품(Humanity is a work in progress.)"이며, 올곧게 뻗은 나무보다 휘어져 자란 소나무가 더 멋있지 않던가요?

따라서 장미같이 아름다운 꽃에 가시가 있다고 생각하지 말고, 가시가 많은 나무에 장미같이 아름다운 꽃이 피어난다고 생각하며 세상을 살아갈 때(정호승, 『내 인생에 용기가 되어준 한마디』), 우리는 가슴을 활짝 펴고 숨통이 트이는 삶을 살 수가 있습니다.

또한 레너드 코언(Leonard Cohen)이 그의 〈성가(Anthem)〉에서 노래하듯, '모든 것에는 갈라진 틈이 있지만, 그 갈라진 틈새를 통해서만 빛이 들어오지요(There is a crack, a crack in everything, that's how the light gets in).' 그러므로 틈과 금을 두려워하지 마십시오. 그것들로 인해 빛이 찾아들기 때문입니다.

역사상 족적(足跡)을 남긴 수많은 이들은

그들의 거듭된 실패에도 불구하고

끈질긴 도전과 집념으로

마침내 성공의 꽃망울을 피워냈다.

그러므로 실패나 추락을 두려워하지 마라.

추락하는 모든 것에는 날개가 있고,

바닥은 생각만큼 깊지 않으니.

한일동의 『우리 아들과 딸이 사랑에 눈뜨던 날』 중에서

말이 적은 사람

법정

침묵을 소중히 여길 줄 아는 사람에게
신뢰가 간다.
초면이든 구면이든
말이 많은 사람에게는 쉽게 신뢰가 가지 않는다.

나는 가끔 많은 사람을 만나는데
말수가 적은 사람들한테는 오히려
마음을 활짝 열어 보이고 싶어진다.

사실 인간과 인간의 만남에서
말은 그렇게 중요하지 않다.
꼭 필요한 말만 할 수 있어야 한다.
안으로 말이 여물도록 기다리지 못해,
밖으로 쏟아 내고 마는 것이다.
이것은 하나의 습관이다.

생각이 떠오른다고 해서 불쑥 말해 버리면
안에서 여무는 것이 없다.
그래서 그 내면은 비어 있다.
말의 의미가 안에서 여물도록
침묵의 여과기에서 걸러 받을 수 있어야 한다.

불교 경전은 입에 말수가 적으면
어리석음이 지혜로 바뀐다고 말하고 있다.
그러므로 말하고 싶은 충동을 참을 수가 있어야 한다.

생각을 전부 말해 버리면 말의 의미가,
말의 무게가 여물지 않는다.
말의 무게가 없는 언어는
상대방에게 메아리가 없다.

오늘날 인간의 말이 소음으로 전락한 것은
침묵을 배경으로 하고 있지 않기 때문이다.

말이 소음과 다름없이 다루어지고 있기 때문이다.

우리는 말을 안 해서 후회하는 일보다도
말을 해 버렸기 때문에
후회하는 일이 얼마나 많은가.

침묵을 소중히 여길 줄 아는 사람에게
신뢰가 간다.

세 치의 혀를 다스리는 지혜

물고기는 항상 입으로 낚인다.
인간도 역시 입으로 걸린다.

『탈무드(*Talmud*)』

오늘날 우리는 '말의 힘'이 지배하는 세상에서 '너무나 말을 많이 하고, 너무나 말을 적게 듣는 삶'을 살고 있습니다. 사람이 하루에 사용하는 말은 남자가 대략 2만 5천 마디, 여자가 3만 마디라고 합니다. 여기에 트위터(Twitter)나 페이스북(Facebook) 등과 같은 SNS에 올리는 말들까지 합친다면 실로 엄청난 양이라고 할 수 있지요.

하지만 삶의 지혜는 보통 듣는 데서 비롯되고, 삶의 후회는 말하는 데서 비롯됩니다. 그러기에 법정 스님께서 "입에는 말을 많이 담지 말고, 가슴에는 근심을 많이 담지 말 것이며, 위(胃)에는 음식을 많이 담지 말라."고 하신 것도, 따지고 보면 '세 치의 혀를 다스릴 수 있는 지혜'를 강조하신 것입니다.

한편, 우리가 나이를 들어가면서 꼭 지켜야 할 일곱 가지 덕목, 즉 '일곱 가지 Up(Shut up: 말수 줄이기, Clean up: 몸 청결하게 유지하기, Dress up: 옷 잘 차려입기, Show up: 외부 활동 많이 하기, Cheer up: 즐겁게 살기, Pay up: 지갑 잘 열기, Give up: 포기 또는 양보하기)'이 있는데, 그중 가장 중요한 것이 'Shut up'이라고 할 수 있지요.

우리가 세상을 살다 보면 다른 사람의 말에 상처를 받기도 하고, 다른 사람에게 상처를 주는 말을 할 때도 있습니다. 즉, 말 한마디로 인해 평생 쌓아 올린 노력을 물거품으로 만들거나, 친구나 연인 등의 아름다운 관계를 한순간에 망가뜨리며, 부모나 형제자매처럼 소중한 가족에게 평생 지울 수 없는 한(恨)이나 상처를 주는 경우도 있지요. 그러기에 "칼의 상처는 쉽게 아물어도, 말의 상처는 쉽게 아물지 않는다."는 몽골 속담이 있는가 하면, 성경에도 "혀에 맞아 죽은 사람이 칼에 맞아 죽은 사람보다 더 많다."라고 쓰여 있습니다.

> 우리가 매일 쓰는 말은
> 죽은 자를 무덤에서 불러낼 수도 있고,
> 산 자를 땅에 묻을 수도 있다.
> 소인을 거인으로 만들 수도 있고,
> 거인을 완전히 망가뜨릴 수도 있다.
> 하인리히 하이네(Heinrich Heine)

따라서 우리가 말을 할 때는 심사숙고한 뒤에 하고, 남을 험담하지 말 것이며, 할 수 있는 한 긍정의 내용과 칭찬의 말을 많이 담아서 해야 합니다. 또한 남들 앞에서는 이렇게 말하고, 뒤에서는 저렇게 말하는 표리부동한 사람이 돼서는 안 됩니다. 왜냐하면 한번 내뱉은 말은 '에너지 보존의 법칙'에 따라 소멸하지 않고 널리 회자(膾炙)되다가, 강물을 거슬러 오르는 연어처럼 태어난 곳으로 되돌아가는 귀소본능을 지니고 있으며, '나'라는 존재는 내가 내뱉은 말로 기억되기 때문이지요. 그러므로 우리는 될 수 있는 한 '칭감들(칭찬, 감사, 들어주는 것)'을 많이 해야 합니다.

우리는 때로 전혀 예상하지 못한 곳에서, 순수한 마음으로부터 가장 큰 위로와 인정을 받습니다. 즉, 화려한 찬사나 가식적 격려가 아닌, 진심 어린 말 한마디가 무너진 자존심을 세워주고, 다시 나아갈 힘을 주기도 하지요. 또한 세상의 평가나 열등감에 휩싸여 자신의 장점을 보지 못할 때, 한 줄기 바람처럼 스쳐 지나가는 누군가의 다정한 말 한마디는 잊고 살아가던 자신의 '빛나는 모습'을 다시금 되찾게도 하지요(황석희).

아일랜드 시인 브랜던 케넬리(Brendan Kennelly)는 그의 시에서, "한때는 고독과 침묵이 세상의 본질이었지만, 지금은 내쫓긴 신세가 되었다."고 했습니다. 요즈음처럼 바쁘고 소란스러운 삶을 살아가는 사람들에게 고독과 침묵은 낯설기 그지없는 존재이며, 세상에는 너무나 많은 허언(虛言, 헛된 말)이 난무하여 자신을 성찰할 수 있는 고독과 침묵의 공간이 크게 부족합니다. 하지만 우리는 침묵과 고독의 공간에서만 자신과 마주하며 성찰할 수 있고 내면의 평화를 되찾을 수 있기에, 가능한 한 고독과 침묵을 위한 공간을 많이 마련하려고 노력해야 합니다.

침묵은 무겁고 단단한 말이기에, 무력한 말, 의미 없는 말, 기만

하는 말을 잠재웁니다. 우리는 말을 안 하느니만 못해 침묵하는 게 아니라 실은 말을 더 잘하기 위해 침묵하는 것입니다. 또한 침묵은 자기 자신을 발견하고 자기 자신이 되는 유일한 길이며, 침묵이 주는 기쁨이야말로 시끌벅적한 세상을 살아가는 우리에게 늘 열려있는 가장 지혜로운 경험입니다. 그러므로 우리가 홀로 존재하는 풍요를 누리기 위해서는 침묵을 영혼의 위대한 친구로 삼아야 합니다.

듣기는 신중함을 증명하는 방식이자 발언권을 자제하는 것을 의미합니다. 또한 상냥하고 현명한 울림판이 되어주고, 상대방을 지지하는 질 좋은 침묵을 통해 발언자가 더욱 빛날 수 있도록 격려하는 행위이지요. 그러므로 모든 사람에게 귀를 기울이되, 자신의 말은 아끼십시오.

인간은 애초에 자의식이 강한 독립적 존재였습니다. 인간이 사회적 동물로 진화·발전하게 된 것은 집단의 결속력이 곧 생존의 이점으로 작용했기 때문이지요. 이러한 이유로 인간은 무리로부터 이탈·소외·제외되지 않으려 무단히 애를 쓰면서 살아온 것입니다. 특히 요즈음처럼 다수와의 소통을 강요받는 '소셜 네트워크 시대'에는 더더욱 그러합니다. 이러한 심리적 요인이 '혼자 있음'을 의미하는 고독을 '외로움', '쓸쓸함', '고립' 등과의 동질 개념으로 변질시킨 것이지요.

하지만 다른 사람들에게서 벗어나 홀로 존재하는 것으로 정의되는 고독은 '외로움', '쓸쓸함', '고립'과는 구별이 됩니다. 고독은 관계 지향적인 시끌벅적함으로부터 벗어나 자아를 성찰하고, 자기 자신과 조화를 이룰 수 있게 함으로써 주변 세상과 관계를 맺도록 도와줍니다. 그러므로 고독은 고립이나 도피의 한 형태도 아니요, 세상과의 관계를 거부하는 것도 아닙니다. 오히려 고독은 타자(他者)와의 내적인 친교가 가능하도록 도와주는 방편입니다. 왜냐하면 우리는 고독한 순간에 다른 존재들을 마음속으로 흔쾌히 받아들이게 되며, 이때 우리와 타자와의 관계가 더욱 깊어지기 때문입니다.

『대지(The Good Earth)』의 작가 펄 벅(Pearl S. Buck)은 고독에 대해, "내 안에는 나 혼자만이 사는 고독의 장소가 있다. 그곳은 말라붙은 마음을 소생시키는 유일한 장소이다."라고 했습니다. 이렇듯 우리는 고독과 침묵 속에서 자신을 알게 되며, 이러한 경험을 통해 자신은 물론 다른 사람들과의 친교를 배울 수 있기에, 고독과 침묵은 우리를 현명하게 해줍니다. 자신의 괴로움을 아는 것은 다른 사람들의 괴로움을 알게 되는 것이며, 자신의 나약함과 부족함을 알게 되면 쉽게 자만하거나 남을 비난하기보다는, 타인의 선(善)에 더더욱 마음의 문을 열게 되기 때문입니다.

꽃들이 지고 마른 잎들이 서걱거리는 이 만추(晩秋)에, 외롭고 쓸쓸한 고독이 아니라 인생을 성찰하며 영원과 무한을 동시에 추구할 수 있는 침묵과 고독에 한번 푹 빠져보면 어떨까요? 노년은 말수를 줄이고, 그 여백에 말없음표를 넣는 시기입니다.

부주의한 말 한마디가 싸움의 불씨가 되고,
잔인한 말 한마디가 삶을 파괴합니다.

쓰디쓴 말 한마디가 증오의 씨를 뿌리고,

무례한 말 한마디가 사랑의 불을 끕니다.

은혜로운 말 한마디가 길을 평탄케 하고,
즐거운 말 한마디가 하루를 빛나게 합니다.

때에 어울리는 말 한마디가 긴장을 풀어주고,
사랑의 말 한마디가 축복을 줍니다.

마음의 평화

제임스 R. 맨첨 (James R. Mancham)

이 세상 최고의 부자는 누구일까.
나는 그를 남태평양에 있는 작은 섬에서 만났다.
그는 커다란 야자수 아래
20억 달러짜리 미소를 지으며 앉아 있었다.
그는 지금 앉아 있는 해변 너머의 세계를 가본 적이 없고
세상의 종말에 대해 고민해 본 적도 없다.

생존에 필요한 음식과 물은 풍족하지 않았다.
따라서 그는 가족을 먹여 살리기 위해
날마다 물고기를 잡아야 했고
섬 건너편에 있는 우물에서 물을 길어 와야만 했다.
이러한 것들은
매일 아침 그에게 하나의 도전이었으며
날이 저물면
일에 대한 성취감과 만족감도 느낄 수가 있었다.

파도의 중얼거림
새들의 노랫소리와 멀리서 이따금 들려오는 천둥소리
이러한 것들이 그에게는 유일한 음악이었다.
그에게는 유명한 화가의 그림도 없었다.
최고의 화가가 그의 섬 주변에
매 순간 그려 놓는 걸작품 외에는.
날마다 보는 일출과 일몰이 최고의 그림이었으며
저녁에는 텔레비전을 보는 대신
하늘과 별, 그리고 달을 관조했다.
그들을 통해 그는 자신의 주인인 신과 대화했으며
자신이 지금 살아있다는 것에 대해 감사드렸다.

그는 세금을 낼 필요도 없었고
보험회사나 노후 연금에 대해 들어본 적도 없다.
또한 유언을 남기거나 유산을 물려주는 것에 관해
생각할 필요도 없었다.
그는 다만 마음의 평화를 누리며
행복하고 만족할 줄 아는 사람이었다.

오늘날 전 세계의 은행에는
수백만 사람이 북적이고 있다.
하지만 그들의 얼굴에는 미소가 전혀 없다.
왜냐하면 어떤 다국적 기업이나 경매 회사도
마음의 평화를 돈 받고 팔지는 않으니까.

비워라, 멈춰라, 내려놓아라

당신은 이 세상에 잠시 소풍을 나온 것이다.
그러므로
너무 서두르지도
너무 걱정하지도 마라.
그 대신
길가에 피어있는
꽃향기를 맡는 여유를 가져라.

월터 하겐(Walter Hagen)

얼마 전 북유럽 어느 도시의 시장(市長)은 매일 밤 대낮처럼 환하게 불을 밝히는 가로등 대부분을 꺼버리라고 지시했습니다. 시민들에게 지금으로부터 136년 전 빈센트 반 고흐〔Vincent van Gogh, '별이 빛나는 밤' (1889)〕가 봤던 것처럼, 밤의 아름다움과 별들을 되찾아 주기 위해서였지요. 밝은 가로등이 시민의 안전과 범죄예방에 필요하다는 것을 모를 리 없었지만, 낮 동안에 일과 피로로 지친 시민들에게 어둠이 짙게 깔린 밤하늘의 신비와 별들을 바라볼 수 있는 소박한 행복을 느끼게 해주고 싶었던 것이지요. 동시에, '풍요'

가 '결핍'의 아름다움을 앗아간다는 사실도 말입니다.

미국 시인 앨런 긴즈버그(Allen Ginsberg)는 그의 시「루르 지역(Ruhr-Gebiet)」에서 과도한 속도, 과도한 욕심, 과도한 소비, 과도한 소통 등 '넘치고 과한 것들'로 인해 우리가 맞닥뜨리는 재앙을 신랄하게 비판하고 있습니다. 우리가 삶의 의미를 '존재(Being)'보다는 '하는 것(Doing)'과 '갖는 것(Having)'에 두고 무한 경제 성장과 기술 발전, 과당경쟁과 속도전, 그리고 물질만능주의에 편승한 이후부터 지구촌 전역이 기상이변, 팬데믹 등과 같은 자연재해와 각종 사회적 병폐에 시달리고 있다고 믿었기 때문이지요.

오늘날 우리는
너무 많이 욕심내고
너무 많이 소비하고
너무 많이 버리고
너무 많이 마시고
너무 많이 스트레스를 받고
너무 많이 화를 내고
너무 많이 정신병원에 가고
너무 많이 자살하고
너무 많이 말을 하고
너무 많이 거짓말을 하고
너무 많이 불행하다 (…)

한일동의「너무 많이, 너무 적게」중에서

또한 미국의 철학자 허버트 마르쿠제(Herbert Marcuse)도 우리가 사는 시대를 '풍요의 감옥'에 비유하면서, 현대인의 불행과 현대병의 원인은 '느림', '결핍', '모자람'에 있는 것이 아니라 '빠름', '과잉', '넘침'에 있다고 했습니다. 산업화·정보화·인공지능(AI) 시대가 도래하기 이전, '느림', '결핍', '모자람'이 지배하던 아날로그 시대에는 전혀 그렇지 않았다는 것이지요. 지난 2020년대에 창궐했던 코로나 팬데믹이 우리 인간에게 이 모든 것을 경고했는데도, 우리는 이를 까맣게 잊은 채 오늘날에도 어리석음을 일삼고 있습니다.

따라서 우리는 로이 스크랜턴(Roy Scranton)이 자신의 저서 『인류세에서 죽음을 배우다(Learning to Die in the Anthropocene)』(2015)에서 주장하는 것처럼, '문명으로서 죽는 법'을 배워야 합니다. 우리가 문명의 차원에서 죽는다는 것은 특정 생활 방식, 정체성, 기술 발전, 진보, 성공, 행복 등에 대한 기존의 생각과 인습을 과감하게 떨쳐버린다는 뜻이지요. 즉, 우리가 죽음 직전에 주변을 정리하듯, '인류세(人類世, 인류가 지질학과 생태계에 상당한 영향력을 미치기 시작한 이후의 시기) 시대'에 제대로 버리고 죽는 법을 배워야만 향후 인류의 공존 공생이 가능하다는 것입니다. 지금이 바로 우리가 세상과 삶에 대한 새로운 성찰을 시작할 때입니다(김겨울).

문명, 효율, 풍족, 편안함의 대가로 우리는 무엇을 잃었는가?
편안함의 감옥에서 벗어나라. 진정한 삶은 불편한 곳에 있다.
마이클 이스터(Michael Easter)의 『편안함의 습격(The Comfort Crisis)』 중에서

일찍이 미국의 사상가 헨리 데이비드 소로우는 물질문명에서 벗어나, 삶의 본질에 집중하며 소박하고 충만한 삶을 누리기 위해, 번잡한 도시 생활을 등졌습니다. 그는 매사추세츠(Massachusetts)주(州) 콩코드(Concord) 근교의 월든(Walden) 호숫가에서 손수 오두막을 짓고 밭을 일구면서, 로빈슨 크루소(Robinson Crusoe)처럼 2년 2개월 동안 자급자족의 생활을 영위했고, 이때의 생활을 근거로 그의 명저 『월든(Walden)』을 출판했지요. 이 책은 '사람의 생각과 이상은 하늘을 나는 새처럼 고상하고 높아야 하지만(High Thinking), 삶의 방식과 태도는 낮고 겸손해야 한다(Plain Living)'는 그의 평소 철학을 담고 있습니다.

또한 틱낫한 스님이 세운 수행공동체 '플럼 빌리지'를 찾는 사람들, 남미 파타고니아(Patagonia)의 자연을 찾아 나선 더글러스 톰킨스〔Douglas Tompkins: 유명 아웃도어 의류업체 노스페이스(The North Face)와 에스프리(Esprit)의 창업자〕, 책만 싸 들고 자신의 개인 섬에 지은 오두막을 찾는 빌 게이츠(Bill Gates)도 일종의 '그린 소셜 프리스크라이빙〔Green Social Prescribing: 영국 NHS(National Health Service, 국민 보건 서비스)가 2020년부터 제도적으로 도입·확산시킨 활동으로, 자연을 통한 치유와 사회적 연결을 활용하는 비(非)의료적 처방〕'을 몸소 실천한 것이지요.

이들 모두는 무한경쟁의 쳇바퀴에 휩쓸리지 않기 위해 '느림의 삶'을 추구했으며, 독일 시인 프리드리히 횔덜린(Friedrich Hölderlin)의 시 구절처럼 "땅 위에서 시적(詩的)으로 거주한 것이지요." 다시 말해서 쫓고 쫓기는 '피로사회(독일의 한병철 교수가 정의한 이른

바 '자기 착취 사회')'의 삶 대신, 지극히 인간다운 삶의 방식이라 할 수 있는 여유롭고 넉넉한, 그리고 자연에 가장 근접한 삶을 선택한 것입니다.

오늘날 세상에 만연하는 '빠르고, 크고, 많은 것들'이 반드시 우월함의 징표는 아닙니다. 또한 우리가 빠르고, 크고, 많은 것들만을 추구하다 보면 우리는 욕망의 늪에서 영원히 헤어나올 수가 없으며, 공존과 공생을 이룰 수도 없습니다. 또한 속도와 양(量)은 침묵, 고독, 평화, 기다림, 느림, 여유, 사랑, 배려, 나눔, 봉사 등과 같은 인간 본연의 가치를 훼손하고, 우리를 '정신의 선비화·양반화'의 반대 명제인 '상놈화(상놈니제이션)'에 휩쓸려 소위 현대판 '상놈'이 되게 합니다.

우리의 생애 중 특히 '인생의 오후(노년기)'에는 '느린 것', '작은 것', '적은 것'에 만족하는 삶을 살아야 합니다. 미국의 작가 부부였던 헬렌 니어링(Helen Knothe Nearing)과 스콧 니어링(Scott Nearing)이 버몬트(Vermont) 숲속에서 단순하면서도 충족된 삶을 추구한 것처럼(이들의 삶의 기록은 그들의 저서 『조화로운 삶(Living the Good Life)』에 기록되어 있음) 말입니다. 왜냐하면 '느린 것', '작은 것', '적은 것'에서만 진정한 삶의 향기와 멋이라고 할 수 있는 여유, 자족, 평온, 평안, 평화, 그리고 진정한 행복이 깃들기 때문입니다(문정희).

따라서 이제부터는 무거운 인생의 배낭에서 불필요한 짐들을 하나하나 덜어내고 '무소유의 삶(아무것도 갖지 않는 삶이 아니라 불필요한 것들을 지니지 않는 삶)', '가슴이 진정 원하는 삶', '육체

안에 깃들어 있는 그 연약한 동물이 원하는 삶'을 살아보면 어떨까요? 당신의 숨결과 걸음 속에서 소로우나 틱낫한의 소박한 삶을 한 번 느껴보십시오. 소크라테스(Socrates)의 말처럼, "가장 적은 것으로도 만족할 줄 아는 사람이 가장 부유한 사람"이며, 버리고 갈 것만 남기고 사는 사람의 마음은 참으로 홀가분하답니다.

아일랜드 극작가 오스카 와일드는 "인생에는 두 가지 비극이 있다. 하나는 원하는 것을 얻지 못하는 것이고, 또 하나는 그것을 얻는 것이다."라고 했는데, 우리가 '원한다, 갖고 싶다'라는 끝없는 욕망과 '더 많이'라는 저주에서 벗어난다면, 팍팍한 물질만능주의 시대에 정신적 풍요로움을 얻게 됨은 물론, 그 어떤 것에도 얽매이지 않고 창공을 나는 새처럼 자유로울 것입니다.

나 자신이 몹시 초라하고
부끄럽게 느껴질 때가 있다.
내가 가진 것보다 더 많은 것을 가진
사람 앞에 섰을 때는 결코 아니다.
나보다 훨씬 적게 가졌어도
단순과 간소함 속에서
삶의 기쁨과 순수성을 잃지 않는
사람 앞에 섰을 때이다.
그때 나 자신이 몹시 초라하고 가난하게 여겨진다.

류시화의 『살아 있는 것은 다 행복하라』 중에서

미소 (微笑)

작자 미상

미소는 전혀 비용이 들지 않지만 많은 것을 준다.
미소를 짓는 데는 순간이 걸리지만,
그 기억은 영원히 지속된다.
너무 부유해서 미소 없이 살아갈 수 있는 사람은 없다.
너무 가난해서 미소로 부자가 될 수 없는 사람은 없다.

미소는 주는 사람을 가난하게 하지 않고
받는 사람을 부유하게 한다.
미소는 집안에서 햇살을 창조하고
직장에서 신바람을 일으킨다.
미소는 문제를 해결할 수 있는 최고의 명약이다.
하지만 청하거나 빌리거나 훔칠 수 없다.
미소는 주지 않는 한 가치가 없기 때문이다.

미소는 얼굴에서 겨울을 몰아내는 태양이다

행복은 인생의 유일한 목적이다.
그런데 하루에 몇 번 미소를 짓느냐가
행복의 유일한 척도이다.

스티브 워즈니악(Steve Wozniak)

우리는 나이를 먹을수록 정말이지 웃을 일이 별로 없는 무미건조한 삶을 살아가고 있습니다. 왜냐하면 세상이 점점 각박해지고, 삶 또한 점점 무료해지고 재미가 없어지기 때문이지요. 그러나 마시 코트렐 홀과 엘리자베스 엑스트롬이 그들의 공동저서『살아가는 힘은 어디에서 나오는가?』에서 주장하듯, 노년의 행복과 장수(長壽)를 위해서는 매사를 웃어넘길 수 있는 '희극 정신(comic spirit)'과 '유머 감각(sense of humor)'이 필요합니다.

우리가 인생을 80년이라고 가정했을 때, 일하는 시간은 26년, 잠자는 시간은 22년, 먹고 마시는 시간은 6년, 걱정하는 데 보내는 시간은 10년, 기타 등등이 16년인데 반해, 웃는 시간은 고작 89일에 불과하다고 합니다. 또한 유년 시절에는 하루에 400여 차례 웃었지만, 나이가 들어갈수록 웃을 일이 점점 없어지고, 웃는 것조차 까맣게 잊고 사는, 이른바 '심각한 사람(serious person)'으로 변모해가는 것이지요.

하지만 웃으면 행복해진다는 것은 생리학에서도 이미 입증된 사실입니다. 우리의 몸은 웃을 때는 행복과 관련된 화학물질이 분비되고, 얼굴을 찌푸릴 때는 불행과 관련된 화학물질이 분비된다고 합니다. 그러므로 도저히 그럴 기분이 아니거나 '노잼(no jam, 재미가 전혀 없는 것)'의 상황일지라도 한번 활짝 웃어보십시오. 기분이 훨씬 더 좋아지는 걸 느낄 것입니다.

사람은 행복해서 웃는 게 아니라 웃기 때문에 행복해진다고 합니다. 이에 관해 틱낫한 스님도 "우리는 즐거워서 웃을 때도 있지만, 웃기 때문에 즐거워지는 때도 있다."고 했습니다. 또한 미국 시인 E. E. 커밍스(E. E. Cummings)는 "가장 쓸모없이 허비한 날은 웃음 없이 보낸 날이다."라고 했으며, 영화감독이자 배우였던 찰리 채플린(Charlie Chaplin)도 "웃음 없이 보낸 하루는 낭비한 하루"라는 말을 남겼습니다.

이렇듯, 동물 중에 유일하게 웃는 동물인 인간에게 '웃음은 최고의 명약'이자 '얼굴에서 겨울을 몰아내는 태양'이고, 아일랜드 극작가 숀 오케이시(Sean O'Casey)의 말처럼, "영혼을 위한 포도주"이며, 하늘나라에서 '천사가 보내준 최상의 선물'입니다. 그러므로 우리가 곱게 물든 단풍이나 잘 익은 포도주처럼 우아하게 나이 들고 싶다면, 천진난만한 아이들처럼 가능한 한 '크게, 오래, 그리고 자주' 웃으면서 살아야 합니다. 왜냐하면 웃음은 긴장을 풀어주고 이완시켜주는 '해소의 기능'이 있으므로, 우리가 웃음을 잃지 않아야만, 삶이 더욱 유쾌하고 행복해져서 오래 살 수 있으니까요.

당신은 하루에 몇 번이나 웃으십니까?
또한 몇 번이나 찡그리십니까?

타고난 용모는 부모님을 탓할 수 있지만
표정이 어두운 것은 오롯이 자신의 책임입니다.

표정이란 스스로 만들어가는
얼굴의 거울이기 때문입니다.

더불어 살아가는 공간을
조금이라도 밝게 만드는 미소,

그 미소야말로
자신의 마음을 가꾸는 화장법이자
진정 남을 위한
배려가 아닌지요?

마음마저 환해지는 화장법,
세상이 밝아지는 화장법은
영원히 지워지지 않는 미소입니다.

그리고 영원히 지워지지 않는 미소는
마음과 세상을 아름답게 만듭니다.

얼굴 반찬

공광규

옛날 밥상머리에는
할아버지 할머니 얼굴이 있었고
아버지 어머니 얼굴과
형과 동생과 누나의 얼굴이 맛있게 놓여 있었습니다.
가끔 이웃집 아저씨 아주머니
먼 친척들이 찾아와서
밥상머리에 간식처럼 앉아 있었습니다.
어떨 때는 외지에 나가 사는
고모와 삼촌이 외식처럼 앉아 있기도 했습니다.
이런 얼굴들이 풀잎 반찬들과 잘 어울렸습니다.

그러나 지금 내 새벽 밥상머리에는
고기 반찬이 가득한 늦은 저녁 밥상머리에는
아들도 딸도 아내도 없습니다.
모두 밥을 사료처럼 퍼 넣고
직장으로 학교로 동창회로 나간 것입니다.

밥상머리에 얼굴 반찬이 없으니
인생에 재미라는 영양가가 없습니다.

'얼굴 반찬'이 그립다

서로 다른 시공간의 궤적을 걷다가

가족과 함께 하는 시간은

가장 소중한 선물 중 하나이다.

존중과 애정으로 함께 하는 순간은

삶에서 가장 따뜻하고 의미 있는 순간이다.

이러한 소중한 순간들을 통해

가족 간의 이해와 사랑이 더욱 깊어질 수 있다.

한일동의 「가족 사랑」 중에서

    글로벌 가구업체 이케아(IKEA)가 세계 38개국 소비자들을 대상으로 설문 조사를 했는데, "집에 홀로 있을 때 즐거움을 느낀다."는 문항에서 우리나라가 1등을 차지했다고 합니다. 개인주의 성향이 강한 서구인들보다 가족주의 전통을 중시하는 한국인들이 혼자 있을 때 더 많은 행복을 느낀다는 결과가 다소 의외이지 않습니까? 이를 두고 어느 사회 분석가는 우리 사회가 이미 '핵가족' 시대를 넘어 '핵개인'의 시대에 접어들었다고 주장하기도 했지요(강경희).

    예로부터 가정이라는 '둥지'는 이 세상에서 가장 큰 행복의 원천 중 하나였습니다. 그러나 오늘날 과거로부터 계승된 모든 제도 중 가정만큼 해체되고 탈선된 것은 없습니다. 이 시에서 공광규 시인은 가족 구성원 각자가 성공을 위해 아득바득거리며 동분서주하느라 한 끼의 식사조차 함께하지 못하는 오늘날 가정의 살풍경한 모습을 신랄하게 비판하고 있습니다(김태훈).

이와 관련하여 많은 조사에서, 죽기 전에 사람들이 가장 후회하는 세 가지는 다음과 같았다고 합니다.

첫째, 인생의 대부분을 너무 일만 한 것
둘째, 가족, 친구 등 사랑하는 사람들과 충분한 시간을 보내지 못한 것
셋째, 걱정하는 데 너무 많은 시간을 쓴 것

요즈음 우리는 가족의 굴레에서 벗어나 혼자만의 시간을 좋아하고, 또한 그런 시간에 행복을 느낀다는 착각에 빠져 있습니다. 간단한 편의점 안주에 소주 한 병을 놓고 혼자 먹는 식탁이 자기 나름의 해방 구역인 양 말이지요. 하지만 혼자만의 휑한 식탁은 멋진 해방구도 아니고 고독한 미식가의 밥상도 아닌, 외로움 그 자체만이 서려 있는 식탁입니다. 살아온 날들을 한번 되돌아보세요. 정말 행복했던 순간 중 가족과 함께하지 않았던 시간이 있었던가요? 아무리 초라한 밥상이라도 가족과 함께하면 서로에게 진수성찬이 되고, 냉랭했던 관계가 정겹고 훈훈해지지 않던가요?

고희(古稀)를 넘긴 촌로(村老)가 이르기를
최고의 음식은
두부와 오이와 생강과 나물이며
최상의 모임은
아비와 어미, 아들과 딸 그리고
손자들이라 말하니 (…)

김수열의 『대련(對聯)』 중에서

공광규 시인의 「얼굴 반찬」이 보여주듯, '얼굴 반찬'도 없이 '혼밥'하는 사회, '가족 구성원 사이에 섬이 존재하는 사회'는 결코 바람직하거나 행복할 수 없습니다. 마음을 데우는 작은 식탁에 마주 앉아 따뜻한 밥 한 끼를 나누고, 36.5도의 체온을 건네는 일만으로도 세상은 훨씬 덜 냉랭해질 것입니다.

따라서 우리는 '혼밥'이 일상화된 '나 홀로 문화'를 지양하고 가족 구성원 서로에게 '얼굴 반찬'이 되어주는 '포근한 둥지', '정이 넘치는 가정', '저녁이 있는 넉넉한 삶'을 꾸려보면 어떨까요? 다이앤 엔스(Diane Enns)가 그녀의 『외로움의 책(Thinking through Loneliness)』에서 언급했듯이, "인간은 누구나 혼자만의 시간이 필요하긴 하지만, 소속감 역시 필수이며, 그 사이의 균형이 바로 행복"이니까요.

또한 행복은 크고 대단한 데 있는 게 아니라 가족과 함께하는 한 끼의 식사, 아이들의 웃음소리, 화분에서 피어나는 꽃을 바라보는 것 등 소박하고 평범한 일상에 있습니다. 우리가 이런 소소한 것들

속에서 삶의 의미를 찾을 줄 알아야만 진정한 행복에 이를 수 있다는 것은 세월이 입증해왔고, 세상이 아무리 바뀐다 해도 변치 않는 사실입니다. 그리고 스코틀랜드의 작가 조지 맥도널드(George MacDonald)의 말처럼, "우리가 세상에 태어나서 누리는 가장 큰 행복은 가정의 사랑을 배우는 것"이랍니다.

아홉 살짜리 헨리(Henry)와
여섯 살짜리 잭(Jack)은
오붓한 가족 식사 자리를 위해
엄마와 함께 저녁 요리를 하고
정성껏 식탁을 준비합니다.

냅킨을 깔고,
야생화를 꺾어다가 꽃꽂이를 하고,
촛불을 켜놓고,
클래식 음악을 틀어놓고
아빠를 기다립니다.

이윽고 아빠가 귀가하여 식탁에 앉으면
가족은 이내 하나가 됩니다.
둥지에서 행복이 모락모락 피어납니다.

카트리나 케니슨(Katrina Kenison)의 『서두르는 엄마들을 위한 명상
(Reflections for Mothers in a Hurry)』 중에서

나이가 들수록 혼자가 좋다

채환

나이가 들수록
혼자만의 시간을 가져라.
자신을 아끼고, 사랑하고, 존중하라.

아등바등하며
성공에 목숨 걸고
배우자에게 매이고
자식에게 지친 마음
이젠 휴식이 필요할 때다.

남편에게, 아내에게, 자식에게
기대하는 마음은 하인의 마음이다.
기대하지 마라.
그 기대하는 마음과 바라는 마음이
인생을 지치게 한다.

나이가 들고 세월이 흐르면
저 사람이 좀 바뀌겠지 하며
기대하지 마라.
좀처럼 바뀌지 않는다.
잘 바뀌지 않는 것이 사람이다.

오래 살다 보면
저 사람이 언젠가는 나를 맞춰주겠지 하며
기대하지 마라.
한두 번은 나에게 맞춰줄 수 있지만
평생은 나에게 맞춰주지 않는다.

내가 사랑하고 좋아서 만날 땐 저러지 않았는데 하며
푸념하지 마라.
사람의 마음은 수시로 변한다.
정말 어떻게 이렇게까지 맞지 않을까 하며
낙담하고 실망하지 마라.

로또 복권보다 맞추기 힘든 것이 사람의 마음이다.
그러니 어쩔 수 없는 것들에 집착하며
세월을 낭비하지 마라.

혼자 있으면
외롭고 두려울 것이라고 고민하지 마라.
외로움은 인생의 동반자이다.

혼자 있어도 외롭지만
둘이 있어도 외롭다면
그것은 더 큰 고통이다.
외로움은 견딜 수 있어도,
괴로움은 견디기 어렵다.

혼자 사는 것을 배우는 것이 인생이다.
혼자서 행복할 수 있어야 진정 행복할 수 있다.
혼자 와서 혼자 가는 것이 인생이다.

삶의 마지막 순간까지
함께하는 단 하나의 존재는
배우자도, 자식도, 친구도 아닌

오로지 나 자신이다.

진정한 자유와 평화는
혼자 있을 때 찾아온다.
그러므로 힘든 인간관계
억지로 맺고 이어가려 애쓰지 마라.
그 노력으로 건강을 챙기고,
취미생활을 즐기면서
나에게 보상하라.

자기 자신을 사랑하는 것은 중요한 일이다.
그러므로 다른 사람들이 뭐라 하든, 어떻게 생각하든
마음 쓰지 말고
어머니가 당신을 사랑하는 것만큼, 아니 그보다 더 많이
당신 자신을 사랑해야 한다.

삶을 언제나 당신 자신과 연애하듯 살라.

'인생의 오후' 부터 새로운 삶이 시작된다

타인을 위한 삶은 이제껏 충분히 살았다.
이제 남은 인생은 나 자신을 위해 살자.
단 한 번 살다 가는 인생인데
남의 눈치 살살 보며
하고 싶은 것을 못 해 보고 죽는다면
얼마나 억울하냐.
내일 당장 이 세상을 떠날 수도 있는데…

몽테뉴의 『수상록(Les Essais)』 중에서

인생을 살다 보면 이 세상에는 정말 '나 혼자뿐'이며, '비빌 언덕이 없다'는 사실을 눈물겹도록 처절하게 느끼는 경우가 많습니다. 사랑하는 부모, 남편, 아내, 자식 등 그 누구도 나의 답답한 속마음을 이해해주지 못하고, 그 누구에게도 토로할 수 없는 '나만의 고뇌'로 몸부림칠 때이지요. 그러기에 정호승 시인도 그의 시에서, "울지 마라/ 외로우니까 사람이다/ 살아간다는 것은 외로움을 견디는 일이다(「수선화에게」)."라고 했겠지요.

생각해보면, 인간은 어차피 혼자일 수밖에 없는 고독하고 외로운 존재입니다. 왜냐하면 이 세상에 올 때도 혼자서 왔고, 살 만큼 살다가 이 세상을 떠날 때도 혼자서 가는 것이니까요. 게다가 그 누구도 나의 버거운 삶을 대신해서 살아줄 수가 없고, 내가 겪는 궁극의 고뇌를 덜어줄 사람도 없습니다. 저마다 '형이상학적 고뇌'를 짊어지고 외로운 나그네의 길을 터벅터벅 걸어가는 것이 인생이지요. 나태주 시인의 말처럼, "이렇게 말을 하고 저렇게 말을 바꾸어 보아도, 인생은 어차피 쓸쓸한 것이고, 서글픈 것이고, 외로운 것이고, 적막한 것입니다."

인생을 살면서 생기는
고통과 괴로움을 해결할 사람은
바로 나 자신이다.
결코 남이 해결해 줄 수 없다.
이게 우리 앞에 놓인 생(生)의 철칙이다.
헤르만 헤세의 『헤세의 인생 공부』 중에서

그런데 파스칼(Blaise Pascal)이 "인간의 고통은 고요한 방에 들어앉아 혼자 보낼 수 있는 능력이 없어서 생긴다."고 지적했듯, 우리가 자기 자신을 사랑하고 돌볼 수 있는 능력을 키우지 못한다면 삶은 더더욱 힘들어질 수밖에 없습니다. 따라서 세상을 살아가면서 당신이 가장 아끼고 존중해야 할 사람은 바로 당신 자신입니다. 당신이 자신을 사랑해주지 않는다면, 누가 당신을 사랑해주겠습니까? 당신이 자신을 존중해주지 않는다면, 누가 당신을 존중해주겠습니까? 당신이 자신을 지켜주지 않는다면, 누가 당신을 지켜주겠습니까? 그러므로 여러분이 가진 것을 다 버려도 당신 자신만은 절대로 버려서는 아니 됩니다.

인간은 자신에게 관대하고 타인에게 모진 사람도 많지만, 때로는 자신을 너무 모질게 대하거나 자신을 사랑할 줄 모르는 사람들도 꽤나 많습니다. 하지만 당신이야말로 이 세상에서 가장 소중하고 귀한 존재입니다. 그러므로 다른 사람들이 뭐라 하든, 어떻게 생각하든 개의치 말고 어머니가 당신을 사랑하는 것보다 더 많이 당신 자신을 사랑해야 합니다. 삶을 언제나 당신 자신과 연애하듯 살아가십시오. '나 자신을 위해 사는 것'은 아주 중요한 일이고, 자신을 사랑하는 법을 아는 것이야말로 가장 위대한 사랑입니다.

내가 젊고 자유로워서
무한한 상상력을 가졌을 때,
나는 세상을 변화시키겠다는 꿈을 가졌었다.

내가 좀 더 나이가 들고
지혜를 갖게 되었을 때,
나는 세상이 변하지 않으리란 걸 알았다.

그래서 나는 시야를 조금 좁혀
내가 사는 나라를 변화시키겠다고 결심했다.
그러나 그것 역시 불가능한 일이었다.

황혼의 나이가 되었을 때,

나는 마지막 시도로

가장 가까운 내 가족을 변화시키겠다고 마음먹었다.

그러나 아무도 달라지지 않았다.

이제 죽음을 맞이하는 자리에서

나는 깨닫는다.

만일 나 자신을 먼저 변화시켰다면,

그런 나를 보고 내 가족이 변화되었을 것을.

또한 그것에 용기를 얻어

내 나라를 좀 더 좋은 곳으로 바꿀 수도 있었을 것을.

그리고 누가 알겠는가.

세상까지도 변했을는지!

내가 변하면 모든 것이 변한다.

영국 웨스트민스터 대성당(Westminster Cathedral)
지하 묘지에 있는 어느 성공회 주교의 묘비명

아름다움의 비결

샘 레벤슨 (Sam Levenson)

매력적인 입술을 갖고 싶으면
친절하게 말씀하십시오.
사랑스러운 눈을 갖고 싶으면
사람들에게서 좋은 점을 보십시오.
날씬한 몸매를 갖고 싶으면
배고픈 사람들과 음식을 나누십시오.
아름다운 머릿결을 원하신다면
하루에 한 번 어린아이에게
그대의 머릿결을 어루만지도록 하십시오.
아름다운 자태를 갖고 싶다면
그대가 결코 혼자가 아님을 기억하며 걸어가십시오.

무엇보다 소중한 존재인 인간은
회복되어야 하고,
새로워져야 하며,
소생하고,
교화되고,

구원받아야 합니다.
그 누구도 결코 버려져서는 아니 됩니다.
그대가 도움의 손길이 필요할 때
그대는 팔 끝에 손이 달려 있다는 것을 알게 될 것입니다.
하지만 그대가 나이를 들어가면서
그대는 두 개의 손이 있다는 것을 깨닫게 될 것입니다.
한 손은 그대 자신을 도와주는 손이고
또 다른 손은 남들을 도와주기 위한 손입니다.

남을 돕는 손이 기도하는 입술보다 더 성스럽다

연탄재 함부로 발로 차지 마라.
너는 누구에게
한 번이라도 뜨거운 사람이었느냐?
안도현, 「너에게 묻는다」

미국 시인 샘 레벤슨은 오래전에 자기 손녀를 위해 「세월이 입증한 아름다움의 비결(Time-Tested Beauty Tips)」이란 시를 썼습니다. 세간에 「아름다움의 비결」로 더 잘 알려진 이 시는 영화 《로마의 휴일(Roman Holiday)》에서 주연을 맡았던 오드리 헵번(Audrey Hepburn, 1929~1993)이 특히 좋아했던 시이자, 그녀가 숨을 거두기 1년 전인 1992년 크리스마스 이브에 그녀의 두 아들에게 들려주었던 시로, 「오드리 헵번의 유언시」 또는 「오드리 헵번의 기도」로도 불리고 있습니다.

아일랜드 시인 윌리엄 버틀러 예이츠(William Butler Yeats)는 "아름다워지기 위해서는 노력이 필요하다(We must labour to be beautiful)."고 했습니다. 그래서인지 우리는 오늘날 '외모 지상주의'에 빠져 부모님께서 물려주신 신체를 몽땅 뜯어고치고자 애를

씁니다. 우리는 이처럼 외형적 아름다움을 추구하거나 '만찢 남녀(만화책을 찢고 나온 것처럼 뛰어난 외모를 가진 남녀)'가 되기 위해 시간과 노력을 탕진하는 대신, 사랑, 덕성, 자선, 박애 등과 같은 '인간적 특질들'과 '내면의 아름다움'을 가꾸려고 노력해야 합니다. 그리고 우리가 이렇게 할 때에만 향기로운 인간으로 거듭날 수가 있습니다. 왜냐하면 외형적 아름다움은 시간이 흐르면서 사라지지만, 내면의 아름다움은 영원히 변치 않기 때문입니다.

일찍이 플라톤은 "우리는 모두 버거운 삶을 살고 있다. 그러므로 친절하라(Everybody is fighting a tough battle. Be kind)."고 했으며, 테레사 수녀님(Mother Teresa)은 "당신을 거쳐 가는 사람이 누구든 더욱 좋아지고 행복해져서 떠나가게 하라."고 했습니다. 이들의 말처럼, 우리가 살아가면서 우리 주변의 아프고 고통받는 이들을 다독이고 보듬어준다면, 그 사랑의 파동은 우리의 삶을 풍요롭고 아름답게 해주는 천상의 음악이 될 것입니다. 이러한 행위를 우리는 '헬퍼스 하이(Helper's High)' 또는 '테레사 효과(Teresa Effect)'라고 하듯이, 우리가 행한 선(善)은 메아리가 되어 우리를 더욱 행복한 삶으로 보답해 줄 것입니다.

크고 대단한 일을 하는 것만이 중요한 것은 아닙니다. 배려와 사랑으로 작은 일을 행하거나 말하는 것이 더욱 중요한지도 모릅니다. 혐오를 사랑으로 포용하는 것, 타인의 간절한 호소에 귀를 막지 않는 것, 오해를 감수하고서라도 소통하려고 애쓰는 것, 뒤에 오는 사람을 위해 문을 잡아주거나 대문 앞에 쌓인 눈을 치우는 것 등의 소소한 행위만으로도 세상은 조금씩 변해갑니다. 도스토옙스키

(Dostoevskii)의 말처럼 세상을 구하는 것은 '슈퍼 히어로(super hero)'가 아니라, 바로 이와 같은 '선한 본성'과 '내면의 아름다움'이며, 모든 인간을 '이웃'으로 환대하는 우리의 마음입니다.

우리가 매일매일 행하고 말하는 것들은 작고 하찮아 보일지 모르지만, 작은 붓놀림 하나하나가 모여 멋진 화폭을 만들듯, 이러한 것들이야말로 우리의 삶을 최고의 명작으로 거듭나게 하고, 각박하고 메마른 일상에 온기와 상큼함을 불어넣어 주는 최고의 명약입니다.

또한 내가 이곳에 잠시 머물다 간 덕분에 세상이 조금이라도 나아졌다면, 혹은 누군가의 슬픔이나 고통을 손톱만치라도 덜어줬다면, 나는 결코 인생을 헛되이 산 것이 아닐 것입니다. 그리고 에머슨의 말처럼, "자신이 한때 이곳에 머물다 간 덕분에 단 한 사람의 삶이라도 더 행복해지는 것, 그것이 바로 진정한 성공"이 아닌지요?

나 하나 꽃피어

풀밭이 달라지겠느냐고

말하지 말아라

네가 꽃피고 나도 꽃피면

결국 풀밭이 온통

꽃밭이 되는 것 아니겠느냐 (…)

조동화의 「나 하나 꽃피어」 중에서

소망

맥스 어만 (Max Ehrmann)

소란하고 바쁜 일상 속에서도 평온하게 지내고
침묵 안에 평화가 있다는 사실을 기억하십시오.

포기하지 말고 가능한 한 많은 사람과 잘 지내도록 하십시오.
조용하면서도 분명하게 진실을 말하고,
다른 사람들뿐만 아니라
어리석고 무지한 사람들의 말에도 귀를 기울이십시오.
그들 역시 할 이야기가 있을 테니까요.

목소리가 크고 공격적인 사람들은 피하십시오.
그들은 영혼을 괴롭힙니다.
자신을 다른 사람들과 비교하면 자신이 하찮아 보이고
비참한 생각이 들 수도 있습니다.
하지만 더 위대하거나 더 못난 사람들은 언제나 존재하기
마련입니다.

당신이 계획한 것뿐만 아니라

당신이 이루어 낸 것들을 보며 즐거워하십시오.
아무리 보잘것없더라도
당신이 하는 일에 온 마음을 쏟으십시오.
그것이야말로 변할 수밖에 없는 시간의 운명 속에서
진실로 소유할 수 있는 것이기 때문입니다.
사업상의 일에도 주의를 기울이십시오.
세상은 속임수로 가득하기 때문입니다.

그렇다고 해서 세상에 미덕이 있다는 사실을 간과하지는
마십시오.
많은 사람이 높은 이상을 위해 애쓰고 있고,
삶은 어디에서나 영웅적 행위로 가득하기 때문입니다.

당신 본연의 모습을 찾으십시오.
특히, 거짓된 사랑을 하지 말고,
사랑에 대해 냉소적이지 마십시오.
아무리 무미건조하고 꿈이 깬 상태에서도

사랑은 잔디처럼 끊임없이 돋아나기 때문입니다.

나이 든 사람들의 충고는 겸손하게 받아들이고,
젊은이들의 생각에는 품위 있게 양보하십시오.
갑작스러운 불행에서 자신을 보호하려면
영혼의 힘을 키워야 합니다.
그러나 쓸데없는 상상으로 자신을 괴롭히지는 마십시오.
대부분의 두려움은 피로와 외로움에서 생겨납니다.
그러므로 자신을 너무 다그치지 말고
자신에게 관대해지도록 노력하십시오.

당신은 나무나 별들과 마찬가지로 우주의 자녀입니다.
당신은 이곳에 머무를 권리가 있습니다.
그리고 당신이 느끼든, 느끼지 못하든
우주는 그 나름의 질서대로 운행되고 있습니다.

그러므로 당신이 하느님을 어떻게 생각하든,

그분과 평화롭게 지내도록 노력하십시오.
그리고 당신이 무슨 일을 하든 소망이 무엇이든,
혼돈스러운 삶 속에서도
영혼의 평화를 간직하십시오.
삶이 버겁고,
속고 속이며,
꿈이 깨어지기도 하지만
그럼에도 세상은 여전히 아름답습니다.

그러므로 늘 유쾌하고
행복해지도록 노력하십시오.

중요한 것은 외부의 소음이 아니라
내면의 소음을 끄는 것이다

'나쁘지 않네' 라는 마음도
매일같이 느낄 수 있다면
그거야말로 좋은 인생이 아닐까요?

태수의 『어른의 행복은 조용하다』 중에서

나이가 들수록 '우리 아들과 딸이 결혼을 안 한 채로 혼자서 살면 어떡하지', '사업이 부도나면 큰일인데', '갑자기 병이 나거나 죽게 된다면' 등 미처 일어나지도 않은 일들에 대한 괜한 걱정과 불안으로 잠 못 이루는 밤이 점차 늘어납니다. 그렇다면 세상에 흔들리는 '나'를 잡아줄 중심은 과연 무엇일까요?

맥스 어만의 「소망(Desiderata)」은 교황 요한 바오로 2세(John Paul II)의 집무실에 늘 걸려있었던 시로, 부정적 감정 바이러스에 감염된 현대인들에게 실패한 것, 불안한 것, 두려운 것, 불행한 것, 불쾌한 것, 열등의식 등에 대한 소모적 감정 패턴에서 벗어나 이미 가진 것, 좋은 것, 감사한 것, 고마운 것 등에 집중해서 '정신 면역 체계'를 강화하고 삶의 주도권을 회복하라는 '멘탈 처방전' 입니다.

이는 2018년 이후 우리 사회를 휩쓸던 '소확행(소소하지만 확실한 행복)'이 사라지고 '아보하(아주 보통의 하루)'가 뜨는 것과 궤를 같이하는 것이지요. 즉, 작더라도 확실하게 행복을 거머쥐어야 한다는 강박적 소비 패턴에서 벗어나 너무 행복하지도 너무 불행하지도 않은 평범한 일상, 그저 무난하고 무탈하고 평온한 삶, 남들의 잣대에 좌지우지되지 않는 마음가짐 등이 행복의 주요 척도와 트렌드로 자리매김한 것이라 할 수 있습니다(이향은).

흔히 생각하듯 행복은 거창하고 대단한 것에 있는 게 아니라 아이들과 소꿉놀이하며 깔깔대고, 치맥과 함께 야구 중계방송을 즐기고, 온 가족이 둘러앉아 정겨운 대화로 저녁을 물들이는 것 등, 우리 주변에서 일어나는 소소한 일상의 순간들에 있는 것이 아닌지요? 이에 더해 마음 비우기, 베풀기, 평정심 유지하기, 작은 것에 만족하기, '팔풍(八風: 이익과 손실, 칭찬과 비난, 쾌락과 고통, 명예와 수치)'에 흔들리지 않기, 부정적 감정에서 벗어나기, 감사하고 고마워하기, 멈추고 바라보기, 유쾌한 태도 등이 더해진다면 금상첨화겠지요.

이어령 교수가 『이어령의 마지막 수업』에서 "나무는 끝없이 바람에 흔들리지만, 이내 자신만의 중심으로 바로 선다."고 했듯이, 노년은 더 이상 부질없고 중요하지 않은 것들에 휘둘리지 않고, 차분하게 삶을 관조하면서 '혜안', '마음의 중심', '평온한 삶', '온전한 나'를 되찾기 위해 노력하는 때입니다.

눈만 뜨면 매일 보는
해와 달과 별빛들이 소중하고,

꽃과 새와 나무들이 소중하고,
사랑하는 옆지기(남편 또는 아내)의 웃음소리가
나에겐 무엇보다 소중하다.
고진하의 【아침 묵상】 중에서

인생은 끝없는 오르막길 같지만
언젠가는 하산(下山)해서
여정을 마무리해야 한다.

살아가면서
내가 가장 마음 쓰는 일 중 하나는
삶을 잘 마무리하는 것,
즉 고요하고 평온하게 죽음을 맞이하는 것이다.
왜냐하면 잘 죽는 것이
잘 사는 것이기 때문이다.

아름다운 마무리는
지난날의 모든 인연과 기꺼이 작별하고,
자신을 옭아매는 생각과 구속에서 벗어나
새처럼 자유로워지는 것이며,
삶의 노예가 아닌 주체로서 거듭나는 것이다.
그리고 아직 도래하지 않은 일들에 대해서는
미지의 상태로 열어둔 채
지금, 이 순간을 흔쾌히 받아들이는 것이다.

몽테뉴의 『수상록』 중에서

아름다운
마무리

아름다운 마무리

법정

아름다운 마무리는 처음의 마음으로 돌아가는 것이다.
일의 과정에서, 길의 도중에서
잃어버린 초심을 회복하는 것이다.

아름다운 마무리는 근원적인 물음
'나는 누구인가?' 라고 묻는 것이다.
삶의 순간순간마다 '나는 어디로 가고 있는가?' 라는 물음에서
그때그때 마무리가 이루어진다.

아름다운 마무리는 내려놓음이다.
내려놓음은 일의 결과,
세상에서의 성공과 실패를 뛰어넘어
자신의 순수 존재에 이르는 내면의 연금술이다.

아름다운 마무리는 비움이다.
채움만을 위해 달려온 생각들을 버리고
비움에 다가가는 것이다.

그러므로 아름다운 마무리는 비움이고
그 비움이 가져다주는 충만으로 자신을 채운다.

아름다운 마무리는 살아온 날들에 대해
찬사를 보내는 것,
타인의 상처를 치유하고
잃어버렸던 나를 되찾는 것,
수많은 의존과 타성적인 관계에서 벗어나 홀로 서는 것이다.
아름다운 마무리는 용서이고, 이해이고, 자비이다.

그리고 아름다운 마무리는 끝이 아니라 새로운 시작이다.

꽃은 필 때도 아름다워야 하지만, 질 때도 아름다워야 한다

네팔의 라이(Rai)족은 손님이 떠난 후 비질을 하지 않는다.
흔적을 쓸어낸다 싶어서다.
손님은 떠나기 전에 직접 마당을 쓴다.
자기가 남긴 흔적을 스스로 지우며
폐가 되지 않으려고,
깨끗한 마당처럼만 나를 기억하라고.

황유원의 「아침」 중에서

우리는 모두 늙어가는 삶, 죽어가는 삶을 살고 있습니다. 그런데도 늙고 죽는 문제를 직시하고 깊이 생각하며 사는 사람은 그리 많지 않습니다. 하지만 인생을 잘 마무리하는 법, 즉 세상을 떠나기 전에 주변을 정리하는 '데스 클리닝(Death Cleaning)'도 배워야 합니다. 이는 진지한 자아 성찰을 통해 '늙는 것'과 '죽음'을 담담하고 의연하게 받아들이기 위함이요, 또한 그렇게 함으로써 단풍처럼 곱게 물들어가고, 궁극에는 품위를 잃지 않고 모란이나 동백처럼 산뜻하게 낙화하기 위해서입니다. 젊은 시절 그 아무리 찬란하고 성공적인 삶을 살았다 해도, 삶의 끝자락이 추(醜)하고 초라하다면 이는 아름다운 마무리가 결코 아닐 것입니다. 즉 사람은 멋있게 살 줄도 알아야 하지만, 멋있게 죽을 줄도 알아야 합니다.

우선, 우리가 곱게 물든 단풍처럼 우아하게 나이 들어가기 위해서는 '놓는 법', '비우는 법', '벗어나는 법'을 배우고, '지나침'을 경계하며, 노화에 따른 신체적 변화를 자연스러운 현상으로 받아들여야 합니다. 그러자면 우리는 이 세상에 '빈손으로 왔다가 빈손으로 가는 나그네'의 존재임을 항시 명심하고, 이제까지 삶의 우선순위로 여겼던 출세, 재물, 명예, 권력 등에 대한 집착과 욕심을 미련 없이 내려놓아야 합니다. 그리고 독일 작가 엘케 하이덴라이히(Elke Heidenreich)가 그녀의 저서 『나로 늙어간다는 것(*Altern*)』에서 말한 것처럼, 인생이라는 나무를 전지(剪枝)하고 정리하는 '쾌활한 체념'과 '소박한 삶'을 지향하고, 자신의 노후 모습을 있는 그대로 담담하게 받아들이는 '수용의 미학'을 견지해야 합니다.

아름다운 마무리는 살아온 날들에 감사하고, 수많은 의존과 타성적 관계에서 벗어나 홀로 서는 것이며, 새로운 존재로 서듭나는 것입니다. 그리고 지나간 모든 것들과 기꺼이 작별하고, 열린 마음으로 포용하고 관조하면서 여생을 품격 있게 즐기는 것이며, 도래할 일들에 대해서는 미지의 상태로 열어두는 것입니다. 왜냐하면 우리가 어머니의 자궁 속에서 태어날 세상에 대해 미처 몰랐듯이, 죽음 이후의 세계에 대해서도 전혀 모르기 때문입니다.

네가 간 길을 이제 내가 간다.
그곳은 아마 너도, 나도 모르는 영혼의 길일 것이다.

그것은 하느님의 것이지 우리 것이 아니다.
이어령, 「서시」

해마다 늦가을 서릿바람이 세차게 불어오면 무성한 나뭇잎들이 무너져 내립니다. 그리고 때가 되면 빈 가지에서 또다시 새로운 잎들이 돋아나지요. 밀알 하나가 땅에 떨어져 죽지 않으면 한 알 그대로 남지만, 죽으면 많은 열매를 맺습니다. 그러므로 '아름다운 이별', 즉 '아름다운 죽음'은 인생의 끝이 아니라 쉼이고, 막간이며, 새로운 시작입니다. 그러므로 비록 오늘이 세상에서 존재를 끝내는 최후의 날이 될지라도 섭섭해할 이유가 전혀 없는 것입니다.

이 세상에 살아있는 것은 모두 아름답습니다. 흐드러지게 피어있는 벚꽃도, 하늘을 나는 솔개도, 땅을 기어가는 굼벵이도, 초원을 달리는 사슴도, 힘겹게 손수레를 끄는 노인도, 동굴에 매달린 박쥐도…. 그런데 꽃은 지기 때문에, 그리고 오래 머물지 않아서 더욱 아름답습니다.

우리가 항상 이별하는 자세로 살고,
사랑했던 것들을 포기하고 놓아주며,
항상 새롭게 시작하고,
다가오는 것들과 남아 있는 것들을
새로운 관점에서 바라볼 준비가 되어 있다면,
죽음에 직면한 삶은 더욱 강렬해질 것이다.
베레나 카스트(Verena Kast)의 『나이 든다는 것에 관하여』 중에서

목소리

토머스 하디 (Thomas Hardy)

사무치게 그리운 여인이여,
어찌 그대가 나에게 말을 거는 거요, (…)
들려오는 목소리가 정말로 당신인가요,
그렇다면 어디 한번 봅시다,
내가 집 근처로 귀가할 때면
늘 기다리고 서 있던 당신의 모습,
그래요, 그때 내가 보았던
그 상큼한 하늘색 옷까지도 영락없는 당신의 모습!

아니면, 이 목소리는 축축한 초원을 가로질러
나에게로 무심하게 불어오는 미풍에 불과한 것인가요,
당신의 목소리는 이제 알듯 말듯 파리하게 잦아들어
이 근처 어디에서도 다시는 들리지 않는군요.

그래서 나는 비틀거리며 걸어가고,
여기저기서 나뭇잎들은 우수수 떨어집니다.
북풍은 가시덤불 사이로 가냘프게 스치는데,
어디선가 들려오는 여인의 목소리, 목소리.

아무리 향기로운 꽃이라도 그 곁에 머물 땐
향기를 느끼지 못하다가, 꽃이 시들고 나서야
그 향기를 그리워하게 된다

당신을 혼자 보낸다고
당신이 혼자인 건 아니지요.

내가 혼자 남았다고
내가 혼자인 건 아니지요.

그곳엔 내 마음이 있고
이곳엔 당신 마음이 있으니까요.
김맹환, 「마음」

마종기 시인의 대표작 「바람의 말」에는 사별한 부부의 애틋한 사연이 깃들어 있습니다. 병상에서 사경을 헤매던 여자가 영원한 이별을 앞두고 다음과 같은 시를 쪽지에 적어 옆지기(남편)의 손에 쥐여 주었다고 합니다(김태훈).

우리가 모두 떠난 뒤
내 영혼이 당신 곁을 스치면

설마라도 봄 나뭇가지 흔드는
바람이라고 생각하지 마. (…)

착한 당신, 피곤해져도 잊지 마,
멀리서 아득하게 들려오는
'당신만을 사랑했다'는
바람의 말을.

  얼마 전 불의의 사고로 아내를 잃은 저명한 작가가 있었습니다. 그는 지난 40년 동안 사랑하는 아내가 정성껏 만들어 준 주먹밥과 녹차 덕분에 시간을 아껴가며 원고를 쓰고 고치는 일을 중단 없이 계속할 수가 있었습니다. 주먹밥은 늘 시간에 쫓기던 남편을 위한 아내의 특별한 배려였지요.

  아내의 장례식을 마친 며칠 후, 식욕마저 사라져 가던 작가에게 갑자기 허기가 찾아왔습니다. 오전 10시, 이내기 늘 주먹밥과 녹차를 내어 주던 바로 그 시간이었습니다. 그는 부엌으로 가서 냉장고와 싱크대 문을 열고, 식자재와 찻잔을 챙겼습니다. 하지만 아내가 어떻게 주먹밥을 만들고, 녹차를 우려냈는지 가늠조차 할 수가 없었습니다.

  그는 한참 동안 허공을 멍하니 바라보며 미동도 없이 목석(木石)처럼 서 있었습니다. 매일 아침, 주먹밥과 녹차를 내어 주며 "오늘도 수고하세요"라며 자신의 어깨를 토닥여 주던 아내의 따스한 손길이 떠올랐습니다. 따사로운 아침 햇살과 함께 스쳐 오던 손의 감촉, 다정했던 응원의 목소리가…

당당했던 한 남자가 무너졌습니다. 그는 마치 어린아이처럼 소리 내어 펑펑 울었습니다. 사랑이 그토록 사소한 것 같지만 전혀 사소하지 않은 것들로 이루어졌다는 것, 흔한 것이 귀하다는 것, 들판의 꿩은 대단한 것으로 여겼으나 집안의 닭은 하찮게 여겼다는 사실을 난생처음으로 깨달았기 때문이지요(백영옥). 이처럼 우리는 한때 가졌었지만 다시는 가질 수 없는 것들과 더 이상 우리 곁에 머물지 못하는 이들을 그리워합니다.

잃어보면 안다
그것이 참 소중했다는 것을

이별하면 안다
그녀가 천사였다는 것을

불행해지면 안다
아주 작은 게 행복이었다는 것을
김홍신의 『겪어보면 안다』 중에서

미당 서정주 시인은 치매에 걸린 아내의 손톱과 발톱을 10년 넘게 깎아주며 수발했고, 늘 아내의 손을 잡고 다니며 '연리지(連理枝) 사랑(연인이나 부부 사이의 지고지순하고 헌신적인 사랑)'을 몸소 실천하셨습니다. 그런데 예순두 해를 함께한 사랑하는 아내가 당신보다 먼저 세상을 떠나시자 식음을 전폐하고 두 달 후에 사랑하는 아내를 따라 저세상으로 가셨습니다. 제가 평소 존경하던 김종길 교수님께서도 아흔한 살의 나이에 70년 가까이 해로하신 사모님께서 세상을 떠나시자 열흘 만에 뒤따라가셨지요(신동욱).

이처럼 부부 인연의 끝에는 늘 이별과 상실의 고통이 뒤따르며, 그날이 언제 올지는 아무도 알 수 없으므로, 부부는 살아있는 동안 서로에게 '사랑한다'라는 말을 건네는 걸 내일로 미루면 크나큰 후회가 뒤따를지도 모릅니다(김태훈). 왜냐하면 삶의 가장 빛나는 가치는 사랑하는 사람을 기쁘게 하는 바로 그 순간에 있기 때문입니다. 그리고 아무리 향기로운 꽃이라도 곁에 머물 땐 그 향기를 느끼지 못하다가, 꽃이 시들고 나서야 회한의 눈물을 흘리면서 그 향기를 그리워하게 될 테니까요.

누군가로부터 사랑받고 있다는 것을 아는 것보다
더 가슴 따뜻하고 감시힌 일은 없다.
자기가 누군가를 사랑하고 있다는 것을 아는 것보다
더 행복하고 가슴 벅찬 일은 없다.

사랑 앞에서 인간은 한없이 작아지고 누추해지지만
턱없이 높아지고, 그윽해지고, 깊어지고
향기로워지기도 한다. (…)

나태주의 『사랑, 거짓말』 중에서

아버지의 눈물

이채

남자로 태어나 한평생 멋지게 살고 싶었다
옳은 것은 옳다고 말하고
그른 것은 그르다고 말하며
떳떳하고 정의롭게
그리고 사나이답게 보란 듯이 살고 싶었다

남자보다 강한 것이 아버지라 했던가
나 하나만을 의지하며 살아온 아내와
눈에 넣어도 아프지 않을 자식을 위해
나쁜 것을 나쁘다고 말하지 못하고
아닌 것을 아니라고 말하지 못하는 것이 세상살이더라

오늘이 어제와 같을지라도
내일은 오늘보다 더 나으리란 희망으로
하루를 걸어온 길 끝에서
피곤한 밤손님을 비추는 달빛 아래
쓴 소주잔을 기울이면

소주보다 더 쓴 것이 인생살이더라

번번한 옷 한 벌 없어도
번듯한 집 한 채 없어도
내 몸 같은 아내와
금쪽같은 자식을 위해
이 한 몸 던질 각오로 살아온 세월
애당초 사치스러운 자존심은 버린 지 오래구나

하늘을 보면 생각이 많고
땅을 보면 마음이 복잡한 것은

누가 건네준 짐도 아니건만
바위보다 무거운,
무겁다 한들 내려놓을 수도 없는
힘들다 한들 마다할 수도 없는 짐을 진 까닭이다
그래서 아버지는
울어도 소리가 없고
소리가 없으니 목이 메일 수밖에

용기를 잃은 것도
열정이 사라진 것도 아니건만
쉬운 일보다는 어려운 일이 더 많아
살아가는 일은 버겁고
무엇 하나 만만치 않아도
책임이라는 말로 인내를 배우고
도리라는 말로 노릇을 다할 뿐이다
그래서 아버지는
울어도 눈물이 없고

눈물이 없으니 가슴으로 울 수밖에

아버지가 되어본 사람은 안다
아버지는 고달프고 고독한 사람이라는 것을
아버지는 가정을 지키는 수호신이기에
가족들이 보는 앞에서
약해서도 울어서도 안 된다는 것을
그래서 아버지는 혼자서 운다
아무도 몰래 혼자서 운다
하늘만 알고
아버지만 아는

아버지는 소리 내 울지 않는다

아버지의 눈에는 눈물이 보이지 않으나
아버지가 마시는 술에는 항상
보이지 않는 눈물이 절반이다.
아버지는 가장 외로운 사람이다.
김현승의 「아버지의 마음」 중에서

태평양 연안에는 천축 잉어라는 바닷고기가 있습니다. 암컷이 알을 낳으면 수컷이 그 알을 입에 담아 부화시키지요. 입에 알을 담고 있는 동안 수컷은 아무것도 먹을 수가 없어 점점 쇠약해지고, 급기야 알들이 부화하는 시점에는 기력을 다 잃고 결국에는 죽음에 이르고 맙니다. 수컷은 죽음이 두려우면 입안에 있는 알들을 그냥 내뱉으면 그만이지요. 하지만 수컷은 죽음을 무릅쓰고 사랑을 선택합니다.

지구상에는 수많은 아버지가 '험한 세상의 다리(Bridge over Troubled Water)' 역할을 하며, 지구의 무게를 어깨에 짊어지고, '비빌 언덕'도 없이 살아갑니다. 그 누구도 따뜻하게 보듬어주거나 위로해주지 않는 무겁고 외로운 자리. 가족에게조차 말 못 할 '실존적 고뇌'를 짊어지고 살아가는 것이 우리 아버지들의 숙명이지요. 오늘도 삶에 지치고 치여 벗어놓은 옷처럼 구겨져 잠든 가장(家長)의 외로운 모습이 더없이 안쓰럽고 측은해 보입니다.

그런데도 소위 '마처 세대'로 불리는 베이비붐 세대 10명 중 9명의 아버지는 노후를 스스로 책임져야 하는 운명에 처해 있지요. '마처 세대'란 부모를 부양하는 '마'지막 세대이자 자녀에게 부양을 받지 못하는 '처'음 세대를 일컫는 신조어입니다(강경희). 즉, 윗세대인 부모와 아랫세대인 '캥거루족(독립할 나이가 되었는데도 부모에게 얹혀사는 자녀를 일컫는 말)' 자식을 동시에 부양하는 무거운 책임을 짊어지고 고달픈 삶을 살고 있지만, 정작 자신은 향후 고독사(孤獨死)의 위험까지 걱정해야 하는 처량한 처지에 놓인 것이지요.

따라서 정호승 시인이 그의 「아버지들」이란 시에서 탄식하듯, 아버지란 '석 달 치 사글세가 밀린 지하 셋방'이고, '아침 출근길 보도 위에 버려진 낡은 신발 한 짝'이며, '벽에 걸려 있다가 그대로 바닥으로 떨어져 버린 고장 난 벽시계' 같은 존재인지도 모르겠습니다. 하지만 잘난 아버지든 못난 아버지든 자신의 아내와 자식만큼은 '햇볕 잘 드는 집'에서 '새 구두' 사 신고, '인생의 시계를 더는 고장 내지 않는 멋진 삶'을 살아가길 바라고 원하는 것이 모든 아버지의 마음이지요.

어서 빨리 그 아버지들이 세상을 먼저 떠난 액자 속의 자기 아버지에게, "아부지, 내 이만하면 이 풍진 세상 잘 살아왔지예. 근데 내 진짜 힘들었거든예."라고 가슴속에 맺힌 한(恨)의 응어리를 풀면서 소리 내 울어도 되는 세상이 왔으면 좋겠습니다(김윤덕).

늦은 밤 술에 취해 귀가해서, 잠든 어린 자식들 볼에 굵은 수염을 비벼 깨우시던 아버지, 대학 입학시험을 앞둔 자식에게 끝까지 알리지 않고 위암 수술대 위 생사의 갈림길에서 홀로 두려움에 떠셨던 아버지, 할머니가 누워 계신 관을 부여잡고 장남으로서 해드린 것이 하나도 없다며 통곡하시던 아버지, 명퇴당하시던 날 축 처진 어깨로 무거운 신발 뒤축을 끌며 밤거리를 헤매던 아버지…

아침이면 집을 나서고 저녁이면 집에 돌아오시던 아버지께서, 처자식을 부양하기 위해 밖에서 무슨 일을 하셨는지, 그 어떤 굴욕과 수모를 당하셨는지, 아버지께서 왜 그리도 작아 보였는지, 제가 아버지의 나이가 되어보기 전에는 미처 몰랐습니다. 아버지의 일상이 처자식을 먹여 살리기 위해 자존심을 팽개친 채 머리를 조아리며 버텨온 세월이었다는 것도, 아버지가 홀로 흘리신 눈물의 진정한 의미도 몰랐습니다. 이제야 당신의 외로움과 고단함의 무게를 비로소 들추어 봅니다. 당신이 남겨주신 꽃 한 송이가 제 마음의 꽃밭이 되었습니다. 아버지, 고맙습니다. 그리고 당신을 사랑합니다(최여정).

나무는 가만히 있고자 하나
바람이 그치지 않고,
자식은 부모를 모시고자 하나
부모는 기다려주지 않는다.
한영(韓英)의 『한시외전(韓詩外傳)』 중에서

어머니 당신을 사랑합니다

한문석

어머님 당신을 사랑합니다.
언제나 밝고 고운 모습으로 자식들을 대해주시던 어머님,
힘든 일 근심 걱정이 있어도 내색을 한 번도 하지 않으시던 어머님,
언제나 자식 생각에 잠 못 이루면서
홀로 답답한 가슴을 쓸어내리시던 어머님,
이젠 그런 당신이 너무나 그립습니다.

함께 있을 땐 그 소중함을 깨닫지 못하고,
자식 생각해서 하신 쓴소리 한마디를
잔소리로 듣고 넘긴 못난 자식은,
이제야
어머님의 깊은 마음을 헤아릴 수 있게 되었습니다.
이제야
어머님의 빈자리가 소중함을 가슴 깊이 깨닫게 되었습니다.
그런 어머님을 생각하면 가슴 깊이 북받쳐 오르는 서러움에
이 불효자는 가슴이 미어집니다.

어머님, 당신을 사랑합니다.

그리움에 가슴이 미어져도 볼 수 없는 어머님,
흘러가는 세월 속에 그리움이 깊어만 가도
함께한 세월 동안 편안하게 해드리지 못한 죄책감이
더욱더 저 자신을 괴롭힙니다.
어머님,
어머님의 그 크신 은혜 그 깊은 사랑을 어찌 보답해야
하나요?

이젠 돌아올 수 없는 강을 건너
영원히 우리 곁으로 돌아올 수 없는 어머님,
가끔은 골목길을 돌아오실 것만 같은 어머님,
그 흔적이 그리워
어두운 창밖을 내다보면 쓸쓸한 찬바람만 이 텅 빈 가슴을
쓸어내립니다.

어머님, 당신을 사랑합니다.

비록 함께한 세월 동안 잘해 드리진 못했지만
그래도 어머님의 따뜻한 사랑을 마음 깊이 느끼고 있습니다.
부디 아름다운 세상에서 언제나 밝고 고운 미소로 행복하시길
이 불효자는, 간절한 마음으로 기도드립니다.

어머님, 당신을 진정으로 사랑합니다.

하느님은 모든 곳에 있을 수 없기에
어머니를 창조하셨다

어버이 살아실 제 섬기길 다하여라
지나간 후면 애닯다 어이하리
평생에 고쳐 못할 일은 이뿐인가 하노라
송강 정철

여러분, 혹여 어미 거미가 새끼를 어떻게 키우는지 아십니까? 어미 거미는 새끼를 낳으면 자신의 피를 먹여서 키웁니다. 자신의 피가 다 떨어지면 죽는다는 것을 알지만, 새끼가 커가는 모습이 너무도 귀엽고 사랑스러운 나머지, 마지막 피 한 방울까지 다 내주고 결국에 자신은 죽음에 이르고 말지요. 말라비틀어진 어미 거미의 껍질이 새끼 거미의 집에 붙어 티끌처럼 바람에 흔들리고 있지만, 오늘도 우리는 어미 거미의 사랑을 깨닫지 못한 채 무심하게 살고 있습니다.

어미 거미가 자식에게 피를 빨리듯, 내가 지치고 힘들 때 맨 처음 찾는 사람, 세파에 밀리고 치여 서러울 때만 찾는 사람, 자식을 위해서라면 목숨까지도 기꺼이 내어주는 사람, 자식의 몸짓 하나에도 웃고 우는 사람, 자식에게 늘 죄인으로 사는 사람, 자식을 위해서

라면 끝까지 자식 편이 되어주는 사람, 그분이 바로 뱃속부터 벗이요, 생명의 근원인 어머니이십니다.

언젠가 비영어권 120개국 사람들에게 영어 단어 중 가장 아름다운 단어를 하나 고르라고 했더니, 1위가 'mother(어머니)', 2위가 'passion(열정)', 3위가 'smile(미소)'였다고 합니다. 우리가 '어머니, 엄마, 엄니'라고 부르는 말은 명사이면서 동시에 감탄사이지요(김형태). 우리가 너무 기쁠 때, 너무 슬플 때, 너무 놀랄 때, 너무 막막할 때 자연발생적으로 터져 나오는 말이 '아이구머니(아이고 어머니)'입니다. 그런 상황에서 '아이고 아버지'라고 하는 사람은 거의 없으며, 10억 명의 사람에게 10억 명의 어머니가 있어도 내 어머니보다 더 나은 어머니는 없으니까요.

이처럼 우리가 생각하는 어머니는 정도의 차이는 있을지언정 대체로 똑같습니다. 따라서 사도 요한이 '하느님은 사랑'이라고 했지만, 저는 감히 '하느님은 어머니'라고 칭하고 싶습니다. 그리고 "하느님은 모든 곳에 있을 수 없기에 어머니를 창조하셨다."는 김수환 추기경님의 말씀이 오늘따라 유심히 마음에 와닿는 것은 무슨 연유인지 모르겠습니다.

버겁고 힘든 세상살이, 외롭고 고달픈 인생 행로에서 삶의 고뇌로 흔들릴 때마다 문득문득 떠오르는 얼굴, 어머니는 영원한 마음의 고향입니다. 어머니가 살아계실 때는 사랑과 원망으로 고향을 짓고, 돌아가신 이후에는 후회와 그리움으로 고향을 짓는다고 합니다. 오늘도 봄꽃들이 만발하여 마음이 더욱 아리고 시린 어머니의 무덤 앞에서, 이 못난 자식이 때늦은 후회의 눈물을 흘립니다. 어머니, 늦었지만 고맙고 감사합니다. 그리고 사랑합니다.

내가
그러진 않았을까

동구 밖
가슴살 다 열어놓은
고목 나무 한 그루

그 한가운데
저렇게 큰 구멍을
뚫어놓고서

모른 척 돌아선 뒤
잊어버리진 않았을까
아예, 베어버리진 않았을까

김시천, 「어머니 3」

세월

작자 미상

사랑하는 친구들이여,
인생길이
고달프고 힘든 가시밭길이라고 하지만
우리가 걸어온 인생 여정은
왜 그리 험난하고 눈물로 얼룩진
한 많은 세월이었나요.

찢어지게 가난한 이 땅에 태어나
하루 끼니조차 해결하기 어려워
감자밥, 고구마밥, 시래기죽으로 연명하며
그 허기진 보릿고개를
숙명으로 여기면서
살아온 나날들.
그 길고도 험난한 세월을
그대는 어떻게 헤치며 살아왔는가요?

이제는 모진 세월의 파도에 밀려

몸은 여기저기 고장이 나고
주변의 지인들마저 하나둘씩
불귀(不歸)의 객(客)으로 사라지고 있는 황혼 녘에,
그래도 지금까지 힘든 여정 잘 견디며
자식들 잘 키워 부모의 도리 다하고
무사히 여기까지 왔으니,
이제는 삶의 족쇄 다 풀어헤치고
숙제 같은 인생, 축제처럼 즐기며 삽시다.

나이 육십을 넘기면
남녀의 벽도 허물어지고
가는 시간, 가는 순서 따로 없으며,
돈도 권력도 명예도 다 부질없으니
부담 없는 좋은 친구들 자주 만나
산이 부르면 산으로 가고
바다가 부르면 바다로 가서
남은 인생 후회 없이 즐기다가

이 세상 소풍을 끝내는 날
'그동안 잘 놀다 간다'고 말합시다.

친구를 얻는다는 것은 어마어마한 일이다, 그 사람의 인생이 통째로 굴러들어오는 것이기 때문이다

만 리 길 나서는 길
처자(妻子)를 내맡기며
맘 놓고 갈 만한 사람
그 사람을, 그대는 가졌는가? (…)
함석헌의 「그 사람을 가졌는가?」 중에서

전 세계적으로 100세 이상의 초고령 장수인(長壽人)이 유별나게 많은 지역을 우리는 '블루 존(Blue Zone)'이라고 부릅니다. 이는 내셔널 지오그래픽 펠로우이자 탐험가 댄 뷰트너(Dan Buettner)가 2005년 처음 제시한 개념으로, 전 세계에서 장수하는 사람들이 모여 사는 지역을 파란색으로 동그라미를 친 데서 유래하며, 이탈리아의 사르데냐(Sardinia, Italy), 일본의 오키나와(Okinawa, Japan), 코스타리카의 니코야(Nicoya, Costa Rica), 그리스의 이카리아(Ikaria, Greece), 미국 캘리포니아의 로마 린다(Loma Linda, California, USA) 등이 대표적 블루 존입니다. 그런데 이들 지역의 장수 비결 중 하나는 가족, 친구, 이웃 등과의 끈끈한 공동체적 생활입니다. 즉, 서로 돕고 함께 생활하는 정서적 안정과 유대가 장수의 중요한 요인이지요(김철중).

　이와 대조적으로, 오늘날 우리는 가정의 해체로 심화된 나 홀로 문화, 극으로 치닫는 개인주의, SNS의 범람, 현대인의 바쁘고 버거운 삶 등으로 인생의 여정에서 타인들과 맺어가는 인(人)테크, 우(友)테크의 중요성이 점차 잊혀가는 세상에 사는 것 같습니다. 하지만 인간은 '사회적 동물'이므로 세상이 아무리 변해도 사이버 공간, 스마트폰, 로봇, AI 등이 아니라 공감 능력이 있는 인간으로부터만 진정한 위로를 받을 수 있습니다.

　최근에 『프렌즈(*Friends*)』(2021)라는 책을 펴낸 로빈 던바(Robin Dunbar)는 소셜미디어 시대의 인간관계에 대해 크게 우려하면서, "솔로 에이저(Solo Ager, 배우자나 자녀가 없이 홀로 늙어가는 사람)들이 겪는 고립과 외로움은 흡연보다 더 해롭지만, 사랑과 우정 같은 사회적 요소는 인산의 성신, 건강, 태도, 그리고 생존에 실질적 도움을 준다."고 언급하고 있습니다.

　던바는 자신의 책에서, 우정을 맺고 유지하려면 가상공간이 아닌 실제 공간에서 직접 만나 인사를 나누고, 웃고 울며, 스킨십을 하고, 대화에 몰입하는 등의 상호작용을 통한 지속적인 '강화' 단계가 필요한데, 소셜미디어의 접촉은 우정이 식어가는 속도만 다소 늦춰줄 뿐, 진정한 우정의 형성에는 크게 도움이 되지 않는다고 주장하고 있습니다. 또한 소셜 네트워크를 활용하는 대인관계는 집단 상호작용이 아니라 대부분 1대 1의 관계에 그치며, 상대와 문제가 생길 경우 타협보다는 접속을 끊어버리는 방식으로 해결한다는 점에서 상당한 문제가 있다고 지적합니다.

저는 이러한 던바의 지적에 상당한 일리가 있다고 생각합니다. 왜냐하면 인간은 혼자서는 살아갈 수 없는 '사회적 동물'이므로, 무감각한 사이버 공간과 디지털 문명의 이기(利器)가 아닌 인간과 더불어 살아갈 때만이 진정으로 인간다운 삶을 영위할 수 있기 때문입니다. 또한 삶의 과정에서 늘 타인에게 속고, 채이고, 배신당하고, 상처를 받으면서도 어쩔 수 없이 인간에게 의지해서 살아가야만 하는 나약하고 숙명적인 존재이기에 더더욱 그렇다고 할 수 있습니다. 그래서 영국의 지성 찰스 핸디(Charles Handy)는 인생에서 중요한 것은 '사랑할 사람들'이고, 그중에서도 가장 중요한 사람은 '외로울 때 건너편으로 가는 작은 다리가 되어줄 수 있는 친구'라고 했습니다.

'친구가 많을수록 덜 아프고 더 오래 산다'는 최근의 연구 결과는 우정에 관한 연구 중 가장 빛나는 과학적 연구 성과입니다. 미국 브리검 영 대학교(Brigham Young University) 연구진이 최근 30만 명을 표본으로 조사한 결과, 연구 대상자들의 생존율에 가장 크게 영향을 미친 것은 사교 활동의 수치였다고 합니다.

또한 우정에 관한 여러 실험 중 특히 오늘날과 같은 팬데믹 시대에 유념해야 할 것은, 친구의 수와 면역반응이 비례한다는 카네기 멜런 대학교(Carnegie Mellon University)의 연구 결과입니다. 친구가 4~12명인 그룹은 13~20명인 그룹보다 면역반응이 약했습니다. 다시 말해서, 친구란 일종의 '사회적 백신'이라는 점을 여실히 보여준 연구 결과이지요(곽아람).

인디언 말로 '나의 슬픔을 등에 지고 가는 사람'이란 의미의 '친구'는, 내가 죽은 뒤에 '내 뼈를 묻어줄 사람' 혹은 '내 관을 메어줄 사람'으로 불리기도 합니다. 친구란 죽을 때까지 인생의 동반자란 뜻이지요. 그러기에 친구란 부모와 자식에게도 말 못 할 속마음을 터놓을 수 있는 사람이며, 세상살이가 터널 속처럼 캄캄하여 앞이 보이지 않은 때 길을 안내해 주는 사람이고, 힘에 부쳐 넘어지고 좌절할 때 위로해 주고 격려해 주는 사람이며, 어려움은 반으로 줄여 주고 기쁨은 배로 늘려주는 사람이기도 합니다.

하지만 우정은 오래 겪어야 단단해지고, 성숙해집니다. '우정은 소금 몇 말을 함께 먹어봐야 완성된다.'고 하지요. 수년 만에 만난 친구가 정다운 것은 오랜 세월 동안 기쁨과 슬픔을 함께한 사이이기 때문입니다. 그리고 서로 다르면서도 대등한 관계에서 맺어지는 것이 우정이므로 친구란 아리스토텔레스(Aristoteles)의 말처럼 '제2의 자신' 혹은 '또 나른 나'라고 할 수 있지요.

사람은 관 뚜껑을 닫아봐야 그 가치를 안다고 합니다.

> 죽음은 살아온 삶을 대변한다.
> 죽은 자는 살아남은 자 안에서
> 침묵의 목소리로 존재한다.

이는 사람에 대한 평가는 그가 죽고 난 뒤에서야 비로소 나온다는 뜻이지요. 그런데 우리가 인생을 잘 살았느냐 못 살았느냐 하는 척도는 의외로 간단한 데 있습니다. 살아가면서 내 주변에 '사람다운 사람'이 과연 얼마나 있느냐, 혹은 내가 이 세상을 떠난 뒤에 나를 그리워해 줄 사람이 과연 얼마나 있느냐가 그 척도인 셈이지요. 내가 세상을 떠나자마자 곧장 잊힌다거나, 내가 세상을 떠난 것을 오히려 반기는 사람이 많다면 그것은 실패한 인생이 아닐까요?

찰스 핸디는 성공에 목마른 현대인들에게, "우정이 삶의 자양분 대부분이므로, 돈과 사회적 지위보다 좋은 친구가 곁에 없는 것을 걱정하라."고 조언하면서, "내가 죽은 뒤에 친구가 장례식에서 해줄 추도사의 내용을 미리 상상해 보라."고 권하고 있습니다. 왜냐하면 사람은 자기가 사는 모습대로 다른 이들에게 기억되니까요. 그 추도사 내용이 "내 친구 아무개는 좋은 점이 너무 많아 일일이 다 열거할 수 없지만, 평소 너무 좋은 친구였고, 아주 멋진 사람이었습니다."로 시작되면 좋겠지요.

그러니 여러분, 생각난 김에 갖가지 핑계와 구실로 망설이지 말고 지금 당장 가까운 친구를 불러내서, 호탕하게 웃고, 수다를 떨고 즐기면서, 회포를 한번 풀어보시지요. 그리고 술잔을 부딪치며 이렇게 소리쳐 보세요. "우리, 친구 아이가!"라고.

사람이 사람을 만나 서로 좋아하면
두 사람 사이에 물길이 튼다.
한쪽이 슬퍼지면 친구도 가슴이 메이고
기뻐서 출렁거리면 그 물살은 밝게 빛나서
친구의 웃음소리가 강물의 끝에서도 들린다. (…)

마종기의 「우화(寓話)의 강」 중에서

인생

서산대사

근심 걱정 없는 사람 누구인가
출세하기 싫은 사람 누구인가
시기 질투하지 않는 사람 누구인가
흉허물 없는 사람 어디에 있나?

가난하다 하여 서러워 말고
장애를 가졌나 하여 기죽지 말고
못 배웠다 하여 주눅 들지 마소
세상살이 다 거기서 거기이다

가진 것 많다고 유세 떨지 말고
건강하다고 큰소리치지 말고
명예를 얻었다고 목에 힘주지 마소
세상에 영원한 것은 없더이다

잠시 잠깐 다니러 온 이 세상
있고 없음을 편 가르지 말고

잘나고 못남을 평가하지 말고
얼기설기 어우러져 살다가 가세나

다 바람 같은 것이라오
뭘 그렇게 고민하오
만남의 기쁨이건 이별의 슬픔이건
다 한순간이라오

사랑이 아무리 깊어도
산들바람이고
외로움이 아무리 지독해도
눈보라일 뿐이라오

폭풍이 아무리 거세다 해도
지나간 뒤에 고요하듯
아무리 지극한 사연일지라도
지나간 뒤엔 쓸쓸한 바람만 맴돈다오

다 바람이라오

버릴 건 버려야지
내 것도 아닌 걸 가지고 있으면서
뭘 그렇게 집착하오
줄 것이 있으면 줘야지
움켜쥐고 있으면 뭐 하겠소
내 것도 아닌데

삶도 내 것이라고 하지 마소
잠시 머물다 가는 것뿐인데
묶어 둔다고 그냥 있겠소
흐르는 세월 붙잡는다고 아니 가겠소
그저 부질없는 욕심일 뿐

삶에 억눌려 허리 한번 못 펴고
인생 계급장 이마에 붙이고

뭐 그리 잘났다고
남의 것을 탐하시오

훤한 대낮이 있으면
까만 밤하늘도 있지 않소
낮과 밤이 바뀐다고 하여
뭐 그리 다를 게 있소

살다 보면
기쁜 일도 슬픈 일도 있다마는
잠시 대역 연기를 하는 것뿐인데
슬픈 표정을 짓는다고 하여
뭐 그리 달라지는 게 있겠소
또한 기쁜 표정을 짓는다고 하여
모든 것이 기쁜 것만은 아니지 않소

내 인생, 네 인생 뭐 별거랍니까
바람처럼 불다 구름처럼 흐르다 보면
멈추기도 하지 않소
그냥 그렇게 사는 것이지요

삶이란
한 조각 구름이 일어남이오
죽음이란
한 조각 구름이 스러짐이다

구름은 원래 실체가 없는 것
그러니
죽고 살고 오고 감이
다 그와 같을 뿐이지요.

왜 사냐건 웃지요(소이부답, 笑而不答)

한 세상 세 살다 갈 소풍 길
원 없이 울고 웃다가
말똥 밭에 굴러도
이승이 낫단 말 빈말 안 되게
어우렁더우렁 그렇게 살다 가보자.

만해 한용운의 「어우렁더우렁」 중에서

이 시는 서산대사께서 85세의 나이로 1604년 입적하시기 전에 마지막으로 쓴 시입니다. 이 시의 내용처럼 우리는 인생을 살면서 "나는 왜 사는가?"라는 의구심으로 자신의 존재 이유를 묻고 또 묻습니다. 왜냐하면 인생이란 셰익스피어의 말대로, 상상하거나 이해할 수 있는 일들보다는 상상할 수 없거나 이해할 수 없는 일들의 연속이니까요. 그렇다면 삶의 이유를 애써 알려고 하기보다는 주어진 상황에 자신을 맞춰가며 매 순간 맞닥뜨리는 삶을 그때그때 그냥 살아내는 게 더 낫지 않을까요?

인생은 정답이 없는 여정이며, 우리가 하루하루를 사는 데는 무슨 특별한 이유가 없습니다. 풀, 꽃, 나무, 다람쥐, 강아지 등이 사는

데 아무런 이유가 없듯, 우리가 사는 것도 그냥 사는 것이지요. 또한 우리가 인생을 거창하고 대단한 것인 양 착각하며 살지만, 사실 인생은 그렇게 드라마틱하지도 대수롭지도 않습니다. 매일 하던 일 하고, 나이에 굴복하지 않고 하고 싶은 것들을 하면서 살면 되는 것이지요.

또한 우리는 내 것이라 우기면서 잔뜩 움켜쥐고 살지만, 이 세상에 진정 내 것이라 할 수 있는 것은 단 한 가지도 없으며, 지금 내가 가진 모든 것은 이 세상에 소풍을 나와 잠시 빌려 쓰다가 종국에는 그대로 놔두고 떠나는 것이지요. 게다가 유명한 사람이었든 그렇지 않은 사람이었든, 떵떵거리며 위세를 떨쳤던 사람이었든 그렇지 않은 사람이었든 결국 마지막 가는 길은 비좁은 관속이 아니던가요? 이를 두고, 우리가 나이를 먹으면 누구나 '학력 평준화', '인물 평준화', '경제 평준화', '죽음 평준화'가 된다고 하지요.

> 가문(家門)의 자랑과 권력의 영화,
> 아름다움과 재물이 가져다준 모든 것들은
> 똑같이 피할 수 없는 운명의 시간을 기다린다.
> 영광의 길은 단지 무덤으로 갈 뿐이다.
>
> 토머스 그레이(Thomas Gray)의 「시골 묘지에서 쓴 애가(哀歌)
> (Elegy Written in a Country Churchyard)」 중에서

그러므로 더는 노욕(老慾)으로 추하게 굴거나 아득바득 살려고 하지 말고, 더 이상 잃을 것도 얻을 것도 없으니 모든 걸 내려놓고 자

족하며 산다면, 그게 바로 행복이고 아름다운 인생이지요. 소설가 박경리의 말처럼, "버리고 갈 것만 남긴 채로 살면 참으로 홀가분하답니다." 벌써 해가 서산에 뉘엿뉘엿 지는 황혼 녘에, 이제는 올라갈 때 못 본 꽃들을 내려가면서는 보아야 하지 않을까요? '인생의 오후'는 연꽃 만나러 가는 바람이 아니라 연꽃 만나고 가는 바람처럼 초연하게 살아야 하는 시기이며, 불꽃처럼 화려한 삶이 아니라 들국화처럼 은은하게 향기를 발하는 품격 있는 삶을 지향할 때입니다.

이보게 자네,
내 말 들어 보게나.
자식도 품 안의 자식이고
내외도
이부자리 안의 내외지.
아득바득거리며
야무지게 산들
뾰족한 거 없고
덤덤하게 살아도
밑질 거 없데이.
니
주머니 든든하면
날
술 한 잔 받아 주고

내

돈 있으면

니 한 잔 또 사 주고

너요 내요 그럴 게 뭐꼬.

거물거물 서산에 해지면

자넨들

지고 갈래, 안고 갈래.

박목월의 「한탄조」 중에서

나는 배웠다

오마르 워싱턴 (Omar Washington)

나는 배웠다.
다른 사람들이 나를 사랑하게 만들 수는 없다는 것을.
내가 할 수 있는 최선은
내가 사랑받을 만한 사람이 되는 것뿐이며
나머지는 다른 사람들의 선택에 달려있다는 것을.

나는 배웠다.
아무리 마음을 다해 다른 사람들을 배려해도
그들이 나의 정성 어린 배려를 모른다는 것을.
그리고 그것이 세상의 끝이 아니라는 것을.

나는 배웠다.
신뢰를 쌓아가는 데는 여러 해가 걸리지만
신뢰를 잃는 것은 단지 한순간에 불과하다는 것을.

나는 배웠다.
인생에서 중요한 것은

손에 움켜쥐고 있는 것이 아니라
누가 곁에서 함께해주느냐에 달려있다는 것을.

나는 배웠다.
우리의 매력은 15분을 채 넘기지 못하기에
이후로는 서로를 알아가는 것이 중요하다는 것을.

나는 배웠다.
다른 사람의 최대치에 나를 비교하기보다는
나 자신의 최대치에 나를 비교해야 한다는 것을.

나는 배웠다.
인생은 나에게 발생하는 일들에 좌우되기보다는
그것들에 대처하는 나의 마음가짐에 달려있다는 것을.

나는 배웠다.
어떤 것을 아무리 얇게 베어내도

거기에는 늘 양면이 있다는 것을.

나는 배웠다.
더 이상 못 가겠다고 포기한 뒤에도
아주 멀리 갈 수 있다는 것을.

나는 배웠다.
결과에 연연하지 않고
해야 할 필요가 있을 때
해야 할 일을 하는 사람이
진정한 영웅이라는 것을.

나는 배웠다.
절친한 친구도
때로는 나를 가슴 아프게 할 수 있다는 사실과
그럼에도 불구하고 그를 용서해야 한다는 것을.

나는 배웠다.
남에게 용서를 받는 것만으로는 충분치 않고
자기 자신을 용서하는 법도 배워야 한다는 것을.

나는 배웠다.
내가 아무리 슬프다 해도
세상은 나의 슬픔 때문에
운행을 중단하지 않는다는 것을.

나는 배웠다.
배경과 환경이 나에게 아무리 영향을 미치더라도
내가 어떤 사람이 되느냐 하는 것은
오롯이 내 책임이라는 것을.

나는 배웠다.
두 사람이 다툰다고 해서
서로 사랑하지 않는 것이 아니며

다투지 않는다고 해서
서로 사랑하는 것이 아니라는 것을.

나는 배웠다.
두 사람이 같은 사물을 보더라도
관점이 완전히 다를 수 있다는 것을.

나는 배웠다.
결과에 연연하지 않고
자신에게 정직한 사람이
결국 앞서간다는 것을.

나는 배웠다.
내가 가장 아끼는 사람이
너무 빨리 내 곁을 떠날 수도 있다는 것을.

나는 배웠다.

사랑하는 사람에게
언제나 사랑의 말을 남겨놓아야 한다는 것을.
어느 순간이 우리의 마지막 시간이 될지
아무도 알 수가 없으므로.

나는 배웠다.
남을 배려하고
감정을 상하지 않게 하면서도
자신의 소신을 굽히지 않는 것이
얼마나 힘든 것인가를.

나는 배웠다.
사랑하는 것과
사랑받는 것의
진정한 의미를.

삶이란 마음 먹기에 달렸다

인생은 잡을 수 없는 것을 향한 기나긴 여정이다.
살아가면서 우리가 애써 손에 쥐려는 것은 무엇일까?
인간은 시작하고 싶은 데서 태어날 수도 없고,
원하는 날 원하는 죽음을 택할 수도 없다.
선택할 수 있는 것은
어떻게 살 것인가 하는 삶의 과정일 뿐이다.

김규나의 【소설 같은 세상】 중에서

사람은 저마다 묵직한 바윗덩어리를 안고 '나그넷길'을 터벅터벅 걸어갑니다. 이는 제아무리 행복한 사람일지라도 말 못 할 사연 한두 가지쯤은 가슴에 묻고 산다는 의미이지요. 인생살이란 바로 그런 것입니다.

찰스 스윈돌(Charles Swindoll) 교수는 "우리 인생의 10퍼센트는 우리에게 일어나는 일들로, 그리고 90퍼센트는 그것들에 대처하는 우리의 마음가짐으로 구성된다."고 했습니다.

우리는 시시각각으로 변하는 날씨에 더워라, 추워라, 비가 와라, 비가 오지 마라 등과 같이 지시하며 우리 마음대로 통제할 수 없지만, 날씨의 상황 여하에 따라 느끼는 기분은 우리 마음대로 조절할 수가 있습니다. 즉, 바람의 방향을 바꿀 수는 없지만, 돛의 방향은 조정할 수가 있습니다. 또한 인생의 길이는 우리 마음대로 정할 수 없지만, 인생의 폭과 깊이는 우리 마음대로 만들어 갈 수가 있습니다. 삶도 마찬가지입니다. 우리가 어떤 상황에 닥쳤을 때 그 상황을 바꿀 수는 없지만, 그것을 어떻게 받아들이고 행동할지는 스스로 결정할 수가 있습니다.

다시 말해서, 우리에게 뜻하지 않게 찾아오는 불행, 사고, 질병, 죽음 등은 인간의 힘으로는 어쩔 수 없는 'fact', 즉 '운명이나 숙명'이라고 한다면, 이에 대처하는 것은 'attitude' 즉 우리의 '마음가짐'이라고 할 수 있지요. 예를 들어, 사막을 걸어가는 사람에게 반 컵의 물을 준다면, 어떤 사람은 '고작 반 컵의 물이야?' 하며 투덜댈 수도 있겠지만, 어떤 사람은 '반 컵이나 되는 많은 물을!' 이라고 감사를 표할 수도 있습니다. 또한 길 위에 놓여있는 돌조차도 때로는 '디딤돌'이 되기도 하고, 때로는 '걸림돌'이 되기도 합니다. 중요한 것은 상황 그 자체가 아니라 그 상황을 받아들이는 우리의 자세이며, 행복의 비결은 바로 우리의 '마음가짐', 즉 태도에 달렸다는 말이지요.

오늘 우리 앞에 놓인 이 길이
어쩔 수 없는 운명이라 할지라도
그 운명을 어떻게 받아들이느냐 하는 것은
우리의 마음가짐에 달렸습니다.

이채의 「삶이란 마음 먹기에 달렸습니다」 중에서

어떤 어머니가 두 번이나 암 수술을 받고 시한부 삶을 살아가고 있었습니다. 하지만 그녀는 자신의 운명을 탓하기보다는, 아들의 졸업식에 참석도 못 해 본 채 세상을 떠날 수도 있었겠지만, 사랑하는 아들의 졸업식을 지켜본 이후에 세상을 떠날 수 있게 된 것에 대해 하느님께 감사를 드렸다고 합니다. 모든 것은 우리의 마음가짐에 달렸습니다. 그리고 우리가 할 수 있는 최선은 주어진 행복과 불행 사이에서 더 나은 사람으로 깊어지는 것뿐입니다. 우리는 너무 쓸데없이 불행하고, 너무 복잡하게 행복한 것은 아닌지요?

누군가 소중하고 아끼고 싶은 사람이 있다면,
그게 바로 사랑이다.
사랑하면 그 사람이 추운지, 더운지, 배가 고픈지,
모든 것이 걱정된다.
사랑하면 그 사람에게 필요한 것들이 자꾸만 생각난다.
잠시도 잊지 못하고 그저 주고 싶은 마음이
바로 사랑이다.

무무(木木)의 『사랑을 배우다』 중에서

용서

김수환 추기경

용서는 마음의 가장 큰 수행이다.
용서는 영혼의 상처를 치유하는 명약이다.
용서는 마음의 고요와 평화를 회복하는 지름길이다.
용서는 자신에게 베푸는 가장 큰 사랑의 실천이다.
용서는 자신에게 베푸는 가장 큰 자비요 선물이다.
용서는 타인을 향한 미움과 원망의 굴레에서 자신을 풀어주는 것이다.
용서는 결국 나를 위한 길이다.

마음에 맺힌 독(毒)은 용서를 통해 풀어야 한다.
용서를 통해 맺힌 것을 풀고 나면
세상의 문이 활짝 열리고 자유로워진다.
우리는 용서를 통해 용서받으며,
살면서 얼마나 많이 용서했는가에 따라
하느님도 우리를 용서해주실 것이다.

인생에서 가장 먼 여행길은
머리에서 마음에 이르는 길이다

나를 고통스럽게 하고 상처를 준 사람에게
원한이나 증오심을 품는다면,
내 마음의 평화만 깨질 뿐이다.
하지만 그를 용서한다면,
삶의 여정은 가벼운 발걸음이 되고
내 마음은 즉시 평화를 되찾을 것이다.
용서해야만 진정으로 행복해질 수 있다.

달라이 라마(Dalai Lama)의 『용서(*The Wisdom of Forgiveness*)』 중에서

지금 우리는 '혐오와 분노', '맹신과 불신', '대립과 갈등'의 시대를 살고 있습니다. 두 패로 나뉘어 맞서는 형국이 너무나 살벌하고 전투적이어서 자칫 내전을 연상케 합니다. 이쪽에 대해서는 무조건적 맹신을, 저쪽에 대해서는 철저한 불신을 일관되게 토로하지요. 서로의 다름이나 차이를 조금도 인정하지 않고 거친 언어로 상대를 극한까지 몰아붙이고, 적대시하며, 약점을 들춰내기 위해 매섭고 사나운 눈길을 보냅니다. 상황이 이렇다 보니, 사랑과 용서, 화해와 포용 같은 '인간미가 넘치는 말들'은 이제 사전에만 남는 잊힌

단어가 되어버린 것 같습니다(이숭원).

　오래전에 양산 통도사 자장암 시주함에서 3만 원을 훔쳤던 가난한 소년이 최근 200만 원을 시주함에 넣고 가며 남긴 편지가 큰 화제가 되었습니다. 이 소년은 당시 또 한 차례 돈을 훔치러 절에 갔다가 스님에게 들켰는데, 스님께서는 소년의 어깨를 잡고 아무런 말씀도 없이 두 눈을 지그시 감은 채, 고개를 좌우로 저으면서 보내주셨다고 합니다. 만약 스님이 이 소년을 경찰에 넘겼다면 그는 이후로 세상을 원망하며 더 큰 범죄를 저질렀을지도 모릅니다. 자장암 편지의 사연은 우리에게 용서의 힘이 얼마나 큰지를 여실히 보여주는 실화이지요(김태훈).

　우리는 누구나 행복한 삶을 원합니다. 하지만 나약한 인간이기에 때로는 상처를 받기도 하고 상처를 주기도 합니다. 따라서 수많은 사람이 오늘도 갖가지 상처를 가슴에 안고 고통 속에서 살아가고 있지요. 그런데 상처를 주는 사람은 상대가 얼마나 크게 상처를 받는지 가늠조차 못 하는 경우가 허다한데, 특히 가까운 사람에겐 더욱 그러합니다. 그렇다면 이 고통을 치유할 방법은 진정 없는 것인가요? 이 질문에 관해 티베트의 불교 지도자 달라이 라마는 "용서해라, 그래야 진정으로 행복해질 수 있다."고 답하고 있습니다.

　그렇습니다. 상처는 오직 사랑으로만 치유될 수 있는데, 사랑은 바로 '용서의 마음'이지요. 그러기에 독일의 작가이자 철학자 한나 아렌트(Hannah Arendt)는 그녀의 저서 『인간의 조건(*The Human Condition*)』에서 "사랑만이 용서하는 힘을 가지고 있다."고 했습니다.

용서는 단지 우리에게 상처를 준 사람을 받아들이는 것만을 의미하지 않습니다. 용서는 가수 조용필이 그의 노래 〈큐(Q)〉에서, "너를 용서 않으니/ 내가 괴로워 안 되겠다."고 했듯이, 상대를 향한 미움과 원망의 감정에서 자신을 놓아주는 일이자 진정한 사랑의 실천이기도 하지요. 이처럼 우리는 용서하고 화해하며 포용하는 마음을 통해 평화를 얻고, 진정한 평온과 행복에 이르게 됩니다. 그러므로 용서는 가장 큰 수행이자, 가장 큰 사랑의 실천이지요. 또한 용서는 자기 자신에게 베푸는 가장 큰 자비이자 선물이며, 상대보다도 나를 위한 것이기도 합니다.

하지만 용서와 화해는 결코 쉬운 게 아닙니다. 한번 재어 보세요. 머리에서 가슴까지는 채 한 뼘도 되지 않는 거리랍니다. 그런데 이 짧은 거리의 소통 부재로 인해 수많은 사람이 오늘도 힘들고 고통스러운 삶을 살아가고 있습니다.

우리가 머리로 생각한 일은 행하지 않으면 점점 더 멀어지고 실천하는 순간 점점 더 가까워지지만, 생각에만 머물고 실천하지 않는다면 평생 그 자리에 머물 뿐이지요. 따라서 머리로만 용서를 생각하다가, 가슴으로 화해에 이르지 못하고, 평생을 불행과 아쉬움 속에 사는 일이 절대로 있어서는 아니 됩니다. 그런데 가슴을 열고 마음의 길을 내는 일이 왜 그리 어려운가요?

사람의 머리는 차가워야 하지만 가슴은 뜨겁고 부드러워야 합니다. 가슴이 돌처럼 단단하게 굳거나 차가워지면, 그 가슴으로는 타인에게서 받은 상처를 용서할 수가 없습니다. 또한 원한(怨恨, bitterness)이나 증오심(hatred)은 산(酸, acid)과 같아서 쏟아부어지

는 대상(對象, object)보다는 담겨있는 용기(容器, container)를 더 상하게 합니다. 따라서 불교에서는 '원한을 품는 것은 타인에게 던지려고 뜨거운 석탄을 손에 쥐는 행위와 같다.'고 가르치고 있지요.

　가수 임영웅은 그의 노래 〈순간을 영원처럼〉에서, "미워하지 말아요/ 삶은 생각보다 짧아요."라고 했고, 쇼펜하우어는 "우리는 타인을 미워함으로써 자기 자신을 보호한다."고 했지만, 우리가 원한이나 증오심을 가슴에 품고 산다면 타인보다 자신의 마음이 더 큰 상처를 입게 됩니다. 하지만 용서하고, 용서받고, 감사하며 산다면 삶의 여정은 늘 가벼운 발걸음이 되지요. 따라서 인간이 새로워지는 유일한 길은 회개하고, 용서하며, 용서받는 것입니다. 즉, 서로의 상처 위에 반성과 사과(謝過)가 소독약처럼 발라지고, 용서가 연고처럼 덮이면, 아픈 기억에서 새살이 돋아나지요. 그리고 김수환 추기경님의 말씀대로, "우리가 살아가면서 얼마나 많이 용서했는가에 따라 하느님께서도 우리를 용서하실 것"입니다. 그리고 인생에서 진정한 승자는 적을 이긴 사람이 아니라 자신의 '화, 분노, 그리고 증오심을 이겨낸 사람' 입니다.

> 주여,
> 저를 당신의 평화의 도구로 써주소서.
> 미움이 있는 곳에 사랑을,
> 다툼이 있는 곳에 용서를,
> 의혹이 있는 곳에 믿음을,
> 절망이 있는 곳에 희망을,
> 어둠이 있는 곳에 빛을,
> 슬픔이 있는 곳에 기쁨을 가져오게 하소서.
> 그리고
> 내가 원해서가 아니라
> 하느님께서 보시기에 옳은 일을
> 저에게 알려주십시오.
>
> 성 프란치스코(Pope St. Francis), 「평화를 위한 기도(Prayer for Peace)」

아름다운 인생

한일동

눈꽃이 아름다운 것은
잎이 져버린 빈 가지에서 피어나기 때문이며,
빗물을 머금어도 연잎이 찢어지지 않는 것은
감당하지 못할 물은
미련 없이 비워버리기 때문이다.

그대가 이 세상에 잠시 머물다 간 덕분에
이 세상이 조금이라도 나아졌다면,
또는 그대가 누군가의 고통이나 슬픔을 조금이라도
덜어줬다면,
그대는 이 세상 소풍을 끝내는 날,
난 결코 인생을 헛되이 살지 않았노라고 말할 수 있으리라.

그리고 맑게 갠 날이 아름다운 노을을 남기듯,
이 세상을 곱게 살다간 그대의 자취는 아름답게 빛날
것이다.

아름다움은 아름다움을 몸으로 살아내는 당신의 삶 속에 있다

나이가 들수록 불만보다
자족(自足)의 수위를 높여야 한다.
물질적으로 넉넉지 않아도
소유를 늘리려 안달복달하지 않고
늘 베풀고 살면서
오늘을 충실히 산다면
그것이 바로 행복이다.

고진하의 【아침 묵상】 중에서

　나무는 겨울이 오면 가지에 붙어 있는 나뭇잎들을 떨어뜨려 겨우살이를 대비하고 새잎이 돋아나는 봄을 준비합니다. 자연은 이 아름다운 섭리를 한 번도 거스른 적이 없지요. 세속의 욕망에 찌들어 사는 인간도 아름다운 인생을 가꾸고자 한다면 나무와 같이 '덜어냄'과 '비움'의 미학이 필요합니다.
　법정 스님은 간디(Mahatma Gandhi) 어록(語錄)에서, "나는 가난한 탁발승이오. 내가 가진 것이라고는 물레와 교도소에서 쓰던 밥그릇, 염소젖 한 깡통, 허름한 담요와 수건, 그리고 대단치도 않은 명성, 이것뿐이오."라는 글을 읽고 무척 부끄러움을 느꼈다고 합니다. 그리고 이와 관련해서 『무소유』에서 이렇게 쓰고 있습니다.

> 인간의 역사는 어찌 보면 소유사(所有史)처럼 느껴진다.
> 더 많은 자기 몫을 챙기기 위해 끊임없이 싸우고 있다.
> 소유욕에는 끝도 없고 휴일도 없다.
> 그저 하나라도 더 갖기 위한 일념(一念)으로 출렁이고 있다.
> 물건만으로는 성이 차지 않아 사람까지 소유하려 든다.
> 그 사람이 자기 뜻대로 되지 않으면
> 끔찍한 비극도 불사하면서
> 제정신도 갖지 못한 주제에 남까지 소유하려 한다.

행복의 비결은 필요한 것을 얼마나 많이 가지고 있느냐('더하기 행복')가 아니라 간디나 법정 스님처럼 불필요한 것들로부터 얼마나 자유로울 수 있는가에 달렸습니다. 우리가 잠시 이 세상에 머물다 가는 데는 그리 많은 물질과 소유가 필요하지 않습니다. 왜냐하면 우리는 모두 이 세상에 '빈손으로 왔다가 빈손으로 가는 나그네'이며, '무소유가 온 세상을 갖는 제일 큰 소유'이기 때문입니다.

또한 신비주의 신학자 마이스터 엑카르트(Meister Eckhart)가 "우리가 지닌 모든 것은 임대한 것으로 생각해야지 소유하려 해서는 안 된다."고 말한 것처럼, 지금 우리가 소유하고 있는 모든 것은 이 세상에 잠시 머무는 동안 빌려 쓰다가 그대로 놔두고 떠나는 것이지요. 그런데 무엇이 그리 아까워서 벌벌 떨며 살아야 하나요? 노년은 작곡가 바흐(Johann Sebastian Bach)가 실천했던 것처럼, '채우는 대신 비우고, 더하는 대신 빼는 것'으로 방향 전환을 해야 할 때입니다.

영국 시인 T. S. 엘리엇(Eliot)은 "소유하지 않을 것을 소유하기 위해서는 무소유의 방식을 추구해야 한다."고 했으며, 미국 작가 소로우는 "부자가 되는 가장 확실한 방법은 거의 아무것도 원하지 않는 것"이라고 했습니다. 또한 일본의 코이케 류노스케(こいけ りゅうのすけ) 스님도 "아무것도 바라지 않는 것이 번뇌에서 벗어날 수 있는 지름길"이라고 했습니다.

다시 말해서, 사람이 부자이냐 아니냐 하는 척도는 소유물의 많고 적음에 있는 게 아니라 그것 없이도 지낼 수 있는 것이 많으냐 적으냐에 달려 있다는 것이며, 인간의 목표 또한 풍부하게 소유하는 데 있는 게 아니라 풍성하게 존재하는 데 있다는 것이지요. 즉, 진정한 행복은 소박하게 살면서 남에게 베푸는 삶을 살 때만 가능하다는 것입니다.

재물이란
그것을 가지고 있는 사람의 것이 아니라
그것을 즐기는 사람의 것이다.
제임스 하우얼(James Howell)

자신을 희생하면서 베푸는 삶을 살다간 사람 중에 가장 유명한 사람으로는 고결한 삶을 살다 가신 테레사 수녀님이 계십니다. 그녀는 "하느님의 은총을 몸소 행동으로 보여주세요. 친절한 얼굴, 친절한 눈, 친절한 미소로 사람들을 대하십시오. 그대 자신이 신성(神聖)

한 존재임을 기억하고 신성을 품은 모든 존재를 사랑하고 섬기세요."라고 설파하면서, 죽어가는 이들, 버림받은 자들, 그리고 소외된 사람들을 위해 자신의 모든 것을 바쳤습니다.

우리가 진정 아름다운 삶을 살고자 한다면 테레사 수녀님처럼 '자기희생의 삶' 즉, '자기 없음의 삶'을 살아야 합니다. 왜냐하면 칼릴 지브란(Kahlil Gibran)의 말대로, "아름다움이란 베일을 벗고 자신의 성스러운 얼굴을 드러내는 생명 그 자체"이니까요.

'희생(sacrifice)'이란 말은 '신성하게 하는 것', '거룩하게 하는 것'이란 의미의 라틴어 '새크리피시움(sacrificium)'에서 유래합니다. 따라서 '희생한다는 것'은 명예롭고 거룩한 일을 함으로써 우리의 정신을 드높이는 것이고, 인간을 거룩한 존재로 만드는 것이며, '이키가이(ikigai, いきがい: 존재의 의미와 가치)'를 찾는 것입니다. 그러므로 행복의 비결은 무소유의 삶을 살면서 남에게 베풀고 희생하는 삶을 몸소 실천하는 데 있는 것이지요. 부처님은 왜 우리에게 빈손을 펴 보이고 계실까요? 이 세상을 떠날 때 남는 것은 단지 베푼 음덕(陰德)뿐임을 보여주기 위함이 아닐까요?

사람은 '생각하는 대로 살지 못하면, 사는 대로 생각하게 된다.'고 합니다. 우리는 누구나 이 세상을 좀 더 나은 곳, 좀 더 따뜻한 곳으로 만들기 위해 뭔가를 할 수 있습니다. 집이 없는 사람들에게 거처를 제공하고, 굶주린 사람들에게 먹을 것을 나눠주며, 병마(病魔)와 싸우고 있는 사람들의 병을 고쳐주고, 어려움을 겪고 있는 친구들을 도와주며, 고달프고 버거운 삶을 사는 사람들을 보듬고 다독여주면서 말입니다.

이러한 선행들은 설사 나비의 날갯짓처럼 미미하다 할지라도 우리의 운명과 세상의 미래를 바꿀 수 있고, 천국에 들어가는 관문이 될 수 있으며, 삶에 의미를 부여하고, 향기로운 삶을 사는 지름길이 될 수 있습니다. 그리고 일본의 철학자 지카우치 유타(Chikauchi Yuta)가 그의 저서 『우리는 왜 선물을 줄 때 기쁨을 느끼는가』(2025)에서 주장하듯, 돈으로도 살 수 없는 이러한 것들이야말로 "우리의 일상과 세상을 지탱시켜주는 힘"이니까요.

따라서 인간을 옥죄는 모든 것에서 벗어날 수 있는 노년이야말로 '기꺼이 내주는 어른의 삶'을 실천할 때이며, 보이지 않는 곳에서 은은하게 향기를 발하는 들국화처럼 '향기로운 인간'으로 거듭날 때입니다. 우리가 인생을 마감한 후에 남는 것은, 당신이 애써 모은 게 아니라 뿌린 것뿐이니까요.

건강한 아이를 낳든
정원을 가꾸든
사회 환경을 개선하든
자기가 태어나기 전보다
세상을 조금이라도 더 살기 좋은 곳으로
만들어 놓고 떠나는 것
자신이 한때 이곳에 머물다 간 덕분에
단 한 사람의 삶이라도 더 행복해지는 것
그것이 바로 진정한 성공이다.

랄프 왈도 에머슨의 「진정한 성공(What is Success?)」 중에서

나의 길

폴 앵카 (Paul Albert Anka)

자, 이제 인생의 종착역에 다 와 가고 있군
그래, 나는 삶의 마지막 순간을 대하고 있어
친구여, 분명히 말해두고 싶은 게 있네
확신하고 살아온 내 인생을 얘기해 줄게
나는 충만한 삶을 살았고
가보지 않은 곳 없이 모든 길을 여행했지만
그보다 더 말하고 싶은 건
내 소신대로 살았다는 거야

후회할 때도 좀 있었지
그러나 되돌아보니,
이렇다 할 정도로 많았던 건 아니야
나는 내가 해야만 할 일들을 했고
그것들을 예외 없이 끝까지 해냈지
나는 계획된 길을 따라가기도 했고
샛길을 조심스레 걸어도 봤지
그런데 그보다 더 의미가 있었던 것은

내 소신대로 살았다는 거야

그래 맞아, 자네도 잘 알겠지만
어떨 때는 과욕을 부린 적도 있었지
하지만 그 와중에도 의혹이 들 때면
순순히 받아들이다가 단호히 거절도 했어
모든 것과 정면으로 맞서면서
나는 당당했고, 내 소신대로 살았지

사랑도 했고, 웃어도 봤고, 울기도 했어
가질 만큼 가져도 봤고, 잃을 만큼 잃어도 봤지
하지만 이제 눈물이 가신 뒤에 되돌아보니
모두가 즐거운 추억일 뿐이야
내가 살아온 지난날을 되돌아볼 때
나는 한 점의 부끄리움도 없이 이렇게 말할 수 있을 거야
아냐, 아냐, 난 달라
나는 내 소신대로 살아왔어

사나이가 사는 이유가 뭐고, 가진 게 뭐가 있겠어
자신의 주체성이 없다면 아부섯노 가진 게 없는 거지
비굴한 사람들이 쓰는 말이 아니라
진실로 느끼는 것들을 말하며 살아야 남자지
나의 과거가 말해주듯, 나는 난관을 피하지 않았고
늘 내 소신대로 살아왔어

그래 맞아, 그게 내가 걸어온 인생 여정이라네

별을 바라보며 나의 길을 가리라

큰 소리로 울면서 이 세상에 태어나
가진 것은 없어도 비굴하진 않았다.
벌거벗은 몸으로 이 세상에 태어나
자랑할 건 없어도 부끄럽지 않았다. (…)

미련 같은 건 없다 후회 역시도 없다.
사내답게 살다가 사내답게 갈 거다.
사내답게 갈 거다.

나훈아의 〈사내〉 중에서

바다에는 밀물과 썰물이 몰아치는 '물때'가 있습니다. 노련한 어부는 물때를 잘 파악해서, 물이 들어올 때 바다로 나가고, 물이 빠지기 전에 육지로 돌아오지요. 지혜로운 농부 역시 계절에 부는 바람의 밀도로 씨를 뿌리고 수확해야 할 때를 압니다. 하지만 사람이 살면서 판단하는 게 가장 어려운 것이 '때'를 아는 것이지요. 특히 '시작할 때'와 '물러날 때'를 아는 것은 더더욱 힘이 듭니다. 돌이켜보면 잘못된 결정으로 낭패하는 경우보다 결정을 내려야 할 때 제대로 결정을 내리지 못해 불행하게 되는 경우가 더욱 많지요(백영옥).

　노벨문학상 수상자 앨리스 먼로(Alice Munro)는 2012년 그녀의 13번째 단편소설집 『디어 라이프(*Dear Life*)』를 끝으로 절필을 선언했습니다. 조용히 작품 활동을 멈춰도 되는데 굳이 선언까지 한 것은 80세가 된 그녀가 더는 잘 쓸 수 없다는 걸 알았기 때문이라고 했지요. 그만둘 때를 아는 소설가의 결단으로 그녀의 『디어 라이프』는 높은 평가를 받은 마지막 작품이 되었습니다.

　국내에선 프로야구 선수 이대호가 2022년, 팬들의 박수 속에 그라운드를 떠났지요. 그는 3할 타자로 선수복을 벗은 해에 골든글러브를 수상한 유일한 프로야구 선수가 되었습니다.

　멋진 은퇴의 대열에는 한국 대중가요의 아이콘 나훈아도 이름을 올렸습니다. 나훈아는 2025년 1월 10일부터 12일까지 서울 올림픽공원 케이스포돔(KSPO DOME)에서 개최된 '2024 고마웠습니다'라는 마지막 공연을 끝으로 장장 59년 동안 지켜온 무대를 떠난다고 선언했습니다. '시절인연(時節因緣: 모든 현상은 어떤 시기가 되면 자연스럽게 이루어진다는 의미의 불교 용어)'이라고 했던가요? 떠날 때를 미리 알고, 사람들이 박수 칠 때 박수를 받으며 떠나는 이의 뒷모습은 이처럼 아름답습니다(김태훈).

　　가야 할 때가 언제인가를
　　분명히 알고 가는 이의
　　뒷모습은 얼마나 아름다운가. (…)
　　이형기의 「낙화」 중에서

인간은 현재의 상태에 만족하는 동물이 아니라 지금보다 더 나은 상태에 도달하기 위해 끊임없이 성찰하고 의문을 품는 존재이지요. 따라서 "인생을 왜, 그리고 어떻게 살아야 하나요?"라는 질문에 선뜻 답을 하는 사람은 아마도 사기꾼일 가능성이 농후합니다. 왜냐하면 자기 자신도 잘 모르고, 자신의 인생도 제대로 살지 못하면서 어떻게 남에게 '이렇게 살라, 저렇게 살라'고 지시하며 조언할 수 있을까요?

해답은 없다.
앞으로도 해답이 없을 것이고
지금까지도 해답이 없었다.
이것이 인생의 유일한 해답이다.

거트루드 스타인(Gertrude Stein)

그러기에 독일 시인 프리드리히 횔덜린은 "땅 위에 척도가 있느냐?/ 그런 것은 없다."고 했습니다. 따라서 솔직한 사람은 인생에 관한 질문을 받을 때마다 곧잘 망설이기 마련이지요. "글쎄요, 자기 인생은 자기 스스로 알아서 살아야 하지 않을까요."라고 반문하면서 말입니다.

하지만 인간이 따라야 할 객관적 삶의 좌표가 분명히 존재한다고 믿었던 시절이 있었습니다. 어둠을 넘어 별을 노래했던 시인 윤동주가 그토록 사랑했던 '밤하늘에 빛나는 별'이 바로 그러한 삶의 방향과 목표를 상징했지요.

영국의 천문학자 마틴 리스(Martin John Rees)는 인간을 오래전에 꺼진 '천체가 남긴 먼지', '별이 남긴 원자 쓰레기'라고 명명했는데, 이것은 인간이 별 볼 일 없는 존재가 아니라 별과 아주 밀접한 관련이 있다는 말입니다(고진하). 또한 독일 철학자 칸트(Immanuel Kant)는 "나에게는 신비한 두 가지가 있다. 하나는 밤하늘에 총총히 빛나는 별이며, 다른 하나는 내 안에 있는 도덕법칙이다."라고 했습니다.

인간이 지금보다 더 나은 상태를 희구하는 동물인 한, 자기보다 더 높은 곳에서 반짝이는 별들은 이처럼 늘 매력적인 존재였습니다. 따라서 아일랜드 극작가 오스카 와일드는,

우리는 모두 시궁창에 빠져 있다.
그러나 우리 중 몇몇은 별을 바라보고 있다.

We are all in the gutter,
but some of us are looking at the stars.

라고 했고, 로마 시인 오비디우스(Publius Ovidius Naso)는 그의 『변신 이야기(*Metamorphoses*)』에서, "다른 동물들은 모두 고개를 숙이고 땅을 바라보고 살지만, 인간은 얼굴을 들고 별을 바라보며 사는 유일한 동물"이라고 했으며, 미학자 게오르크 루카치(Georg Lukács)는 그의 『소설의 이론(*The Theory of the Novel*)』에서, "밤하늘의 별을 보고 길을 찾을 수 있었던 시대는 얼마나 행복했던가?"라

고 언급했습니다. 이처럼 밤하늘에 빛나는 별을 삶의 이정표로 삼으며 살다간 사람들이 인류 역사에 적지 않습니다.

어린 시절 우리의 마음이 하얀 백지장과 같았을 때는 정의가 실종된 시대에 복마전에서나 들을 수 있는 가식, 위선, 아부, 핑계, 변명, 편법, 권모술수, 거짓말, 내로남불 등의 용어를 정말로 알지 못했습니다. 그런데 나이를 먹어가면서 하늘을 우러를 수 있는 하얗고 순수했던 마음이 점점 시커멓게 물들어갑니다. '나의 라임 오렌지 나무'와 '어린 왕자'는 과연 어디로 갔는지요?

영국 시인 윌리엄 워즈워스(William Wordsworth)는 그의 「무지개(My Heart Leaps Up)」란 시에서 "어린이는 어른의 아버지(The Child is father of the Man)"라고 했습니다. 타락한 성인(成人)들이 어린이의 순수성(innocence)을 보고 배워야 한다는 말이지요. 왜냐하면 우리는 매일 속이고 속는 사바세계에서 살고 있으니까요.

요즈음은 자신의 주체성과 소신을 지키며 사는 것이 참으로 어려운 세상입니다. 사탄이 주변에서 늘 우리를 유혹하기 때문이지요. 또한 진실하고 정직하게 사는 사람은 늘 손해를 보고, 각종 부정(不正)과 편법으로 살아가는 사람이 오히려 세상을 앞서갑니다. 그래서 정의와 하느님의 정의로운 심판이 정말로 존재하기는 하는지 의문이 들 때가 많습니다.

따라서 삶이 버겁고 인생에 대해 의혹이 들 때마다, 귓불을 비비며 폴 앵카의 〈나의 길(My Way)〉 노랫말이나 윤동주의 서시(序詩)에 담긴 의미를 곱씹어보는 것도, '인생의 오후에' 마음을 다잡고 '진정한 여행'의 새출발을 다짐하는 데 크게 도움이 될 것입니다.

죽는 날까지 하늘을 우러러

한 점 부끄럼이 없기를,

잎새에 이는 바람에도

나는 괴로워했다.

별을 노래하는 마음으로

모든 죽어가는 것을 사랑해야지.

그리고 나한테 주어진 길을

걸어가야겠다.

오늘 밤에도 별이 바람에 스치운다.

윤동주, 「서시(序詩)」

향수(鄕愁)

정지용

넓은 벌 동쪽 끝으로
옛이야기 지줄대는 실개천이 휘돌아 나가고,
얼룩백이 황소가
해설피 금빛 게으른 울음을 우는 곳,

─그곳이 차마 꿈엔들 잊힐 리야.

질화로에 재가 식어지면
비인 밭에 밤바람 소리 말을 달리고,
엷은 졸음에 겨운 늙으신 아버지가
짚베개를 돋아 고이시는 곳,

─그곳이 차마 꿈엔들 잊힐 리야.

흙에서 자란 내 마음
파아란 하늘빛이 그리워
함부로 쏜 화살을 찾으려
풀섶 이슬에 함초롬 휘적시던 곳,

―그곳이 차마 꿈엔들 잊힐 리야.

전설 바다에 춤추는 밤물결 같은
검은 귀밑머리 날리는 어린 누이와
아무렇지도 않고 예쁠 것도 없는
사철 발 벗은 아내가
따가운 햇살을 등에 지고 이삭 줍던 곳,

―그곳이 차마 꿈엔들 잊힐 리야.

하늘에는 성근 별
알 수도 없는 모래성으로 발을 옮기고,
서리까마귀 우지짖고 지나가는 초라한 지붕,
흐릿한 불빛에 돌아앉아 도란도란거리는 곳,

―그곳이 차마 꿈엔들 잊힐 리야.

**눈을 지그시 감으면 아련히 떠오르는
그리운 내 고향, 그곳에 가고 싶어라**

내 고향 남쪽 바다 그 파란 물 눈에 보이네
꿈엔들 잊으리오 그 잔잔한 고향 바다
지금도 그 물새들 날으리 가고파라 가고파

그 물새 그 동무들 고향에 다 있는데
나는 왜 어이타가 떠나 살게 되었는고
온갖 것 다 뿌리치고 돌아갈까 돌아가 (…)

이은상의 「가고파」 중에서

    동물이나 인간은 자신이 태어나고 자란 서식처나 둥지로 돌아가고 싶어 하는 본능이 있는데, 우리는 이를 귀소본능(歸巢本能)이라고 합니다. 그리고 귀소본능이 있는 인간이 어머니의 품과도 같은 아늑한 고향을 그리워하는 마음을 향수(鄕愁)라고 하지요.
    시간은 흘러가고 기억은 쌓여갑니다. 우리는 흘러간 시간의 기억을 추억이라고 하지요. 향수란 흘러간 시간에 대한 추억이자 그리움입니다. 삶의 둥지와 근원에 대한 동경을 일깨우는 고향은 잃어버린 시간에 자리하고, 향수는 늘 잃어버린 시간을 찾아가게 합니다.

진달래꽃 한 아름 따서 꽃단장하고
금잔디 동산에 올라 버들피리 불던 곳.
흐드러지게 핀 배꽃과 사과꽃이 달빛에 물들던 밤
개구리 우짖는 논둑길을 따라 시골 처녀와 데이트하던 곳.

비가 온 뒤 오색 무지개 뜨던 날
원두막에 걸터앉아 참외며 수박을 먹던 곳.
어린 누이동생과 함께
뜰 앞에 핀 봉숭아꽃으로
손톱을 빨갛게 물들이던 곳.

코스모스가 미풍에 하늘거리던 가을날
잠자리를 잡으러 뛰어다니던 곳.
개구쟁이들과 마을 뒷동산에 올라
연 날리고 공놀이하던 곳.

처마에 달린 고드름을 따서 입에 물고
손을 호호 불어가며 눈사람 만들던 곳.
동지섣달 긴긴밤에
포근한 엄마 품에 안겨
옛이야기 듣던 곳.
그곳에서
놀던 때가

너무나 그리워라.

한일동의 「꿈속의 내 고향」 중에서

　가수 이동원과 테너 박인수가 노래로 불러 더욱 유명해진 정지용의 「향수」는 20대 초반, 시인이 일본으로 유학을 떠나기 전에 충북 옥천을 오가면서 쓴 시입니다. 초기 대표작인 이 시는 그가 태어난 옥천 읍내의 한가로운 시골 모습을 생생하게 재현한 한 폭의 풍경화이자 고향에 대한 사무치는 그리움을 정갈한 언어와 감각적인 이미지들로 담아낸 작품입니다.
　이 시에서 시인이 마음속에 그리는 고향은 넓은 벌과 실개천, 파란 하늘과 풀섶 이슬, 얼룩백이 황소, 성근 별과 서리 까마귀, 늙은 아비, 철부지 누이동생, 순박한 아내 등이 공존하는 농촌 마을입니다. 이러한 자연 속의 평화로운 공간이야말로 고향의 전형적인 모습이 아니던가요?
　또한 시인이 태어나 원초적 삶을 체험한 고향은, 순진무구했던 유년 시절의 꿈과 희망이 기억 속에 살아 숨 쉬는 곳이자, 졸음에 겨운 늙으신 아버지, 천방지축 누이동생, 바쁜 농사일로 치장할 겨를도 없는 사철 발 벗은 아내와 함께 정겨운 가족애를 느낄 수 있는 푸근한 공간이기도 합니다.
　얼핏 생각하면 대수롭지도 않은 이러한 정경과 삶의 모습은 시인의 고향에 대한 간절한 그리움 속에서 향수의 대상으로 승화되고 있습니다. 또한 이와 같은 고향의 풍경과 삶의 모습은 개인적 체험을 넘어 민족 보편의 정서와 삶의 모습에 잇닿아 있다는 점에서 애잔한 감동과 함께 깊은 울림을 주고 있습니다.

'인간은 추억을 먹고 사는 존재이며, 추억은 돈으로도 살 수 없다'고 합니다. 따라서 아름다운 추억들을 간직하고 사는 사람은 마음속에 보물상자가 들어있는 것이나 다름없지요. 그리고 지나간 것들이나 지난 일들을 지그시 눈을 감고 떠올릴 수 있는 사람은 아주 행복한 사람일 것입니다.

우리의 기억 속에 각자의 고향이 어떠한 모습으로 각인되어 있든, 우리는 이 시를 통해 삶의 근원적 공간이자 이상향(理想鄕)으로서의 고향을 한껏 느껴볼 수 있습니다. 그리하여 순화되고 정화된 감정에 흠뻑 빠져 저마다 아늑하고 평화로운 마음의 고향을 하나씩 갖게 되는 것이지요.

대도시의 지붕들 위에
달이 휘영청 빛나고 있지만
여기에선 어떤 경이(驚異)나
기쁨을 느낄 수 없기에
나는 꿈속의 고향으로 되돌아가지요

그곳에서
아름다운 골짜기를 따라 푸른 언덕을 거닐면서
그 어디에서도 맛볼 수 없는 평화를 누리고
천사들을 위한 새들의 합창 소리를 들으면서
재잘대며 흘러가는 강물을 바라보지요

그러나 꿈이란 잊히지는 않지만 지속되진 않기에

나는 곧바로 냉혹한 현실로 되돌아오곤 하지요

하지만 대도시가 아무리 휘황찬란해도

나는 꿈에 그리는 내 고향에서 살고 싶습니다.

리처드 패럴리(Richard Farrelly)의 〈이니스프리 섬(The Isle of Innisfree)〉 중에서

죽음이 나에게 찾아오는 날은

용혜원

죽음이 나에게 찾아오는 날은
화려하게 꽃피는 봄날이 아니라
인생을 생각하는 가을이 되게 하소서

죽음이 나에게 찾아오는 날은
사고나 실수로 나를 찾아오지 않고
허락하신 삶을 다하는 날이 되게 하소서

하늘은 푸르고 맑아
내 사랑하는 이들의 마음이 평안하고
행복한 날이 되게 하소서

늙어감조차 아름다워 추하지 않고
삶을 뒤돌아보아도 후회함이 없고
천국을 소망하며 사랑을 나누고 살아
쓸데없는 애착이나 미련이 없게 하소서

병으로 인하여 몸이 쇠하지 않게 하여 주시고
가족이나 이웃에게 불편함을 주지 않는
기력이 있고 건강한 때가 되게 하소서

나의 삶에 맡겨주신 달란트를 남기게 하시고
허락하신 사명을 감당하게 하시며
가족과 이웃에게 사랑을 나누고 베풀며 살게 하소서

죽음이 나에게 찾아오는 날은
주님의 구원하심과 죄의 용서하심과 사랑을
몸과 영혼으로 확신하는 날이 되게 하소서

가족들에게 웃음 지으며
믿음으로 잘 살아가라는 말과
가족과 이웃을 사랑하라는 말을 남기게 하소서

마지막 숨이 넘어가는 순간 고요히 기도드리며
나의 영혼을 주님께 맡기게 하소서

이 세상 소풍을 끝내는 날,
가서 아름다웠노라고 말하리라

머지않아 바람이 불어오고
죽음이 다가와 수확하리라.
머지않아 회색 유령이 찾아와 웃으면
우리의 심장은 얼어붙고
정원도 그 화사함을,
생명도 그 빛을 잃으리라.
함께 노래하며 즐기자.
머지않아 우리는 먼지가 되니.

헤르만 헤세의 『가을(*Herbst*)』 중에서

 이 세상 모든 것에는 다 때가 있습니다. 산을 오를 때가 있으면 내려갈 때가 있고, 해가 뜰 때가 있으면 질 때가 있습니다. 우리가 늙거나 죽지 않고 인생의 봄을 영원히 누릴 수가 있다면 좋겠지만, 불행히도 시간의 철칙을 피해갈 수 있는 것은 아무것도 없습니다. 따라서 때가 되면 그 어떤 사람, 그 어떤 대상과도 기꺼이 작별하고 이 세상을 떠나야만 하는 것이 인간의 숙명이며, 그 누구도 어찌할 수 없는 이별 즉, 죽음을 받아들여야만 하는 것이 인간의 의무이자 순리이지요.

우리는 모두 어제보다 오늘 더, 내일은 더, 삶보다는 죽음에 가까워지고 있습니다. 나이가 든다는 것은 죽음에 점점 가까워지는 과정입니다. 그리고 언젠가는 미련 없이 이 세상을 떠나야만 하는 날 즉, '인생의 마침표를 찍는 날'이 올 것입니다. 비록 태어나는 순서대로는 아니더라도 그 누구도 예외일 수는 없겠지요.

> 내일이 오고, 또 내일이 오고, 또 내일이 와서,
> 삶의 마지막 순간을 향해 하루하루
> 종종걸음으로 기어가고,
> 우리의 모든 과거는 어리석은 자들이
> 티끌로 돌아가는 죽음의 길을 가르쳐준다.
> 윌리엄 셰익스피어의 『맥베스(*Macbeth*)』 중에서

그러므로 산다는 것은 '죽음을 준비하는 과정'이며, 나이를 먹어간다는 것은 '이별을 배워가는 과정이자 죽음을 삶의 일부로 받아들이는 과정'이라고 할 수 있습니다.

우리는 모두 영원히 죽지 않을 것처럼 오늘을 살고 있지만, 죽음을 피해갈 수 있는 사람은 아무도 없습니다. 모든 피조물은 '변화의 낙인'이 찍혀 있으며, '죽음을 향해 가고 있는 존재'이지요. 따라서 김영민 서울대 교수는 "아침에는 죽음을 생각하는 것이 좋다."고 했습니다. 죽음이 늘 곁에 있음을 인지할 때, 우리의 삶이 더욱 충실해지기 때문이지요.

그러면 인류 공통의 정서인 '죽음에 대한 두려움'을 극복하고, 편안하게 잘 죽기 위해서는 어떠한 '삶의 철학'이 유효할까요? 독일의 헤르만 호이페어스(Hermann Heuvers) 신부님은 이별을 일컬어 "진정한 고향으로 돌아가기 위해 자신과 세상을 잇는 쇠사슬을 조금씩 끊어가는 과정"이라고 했고, 프랑스의 사상가 몽테뉴는 "죽는 법을 배워가는 과정이 바로 철학"이라고 했습니다. 그러므로 여타 분야와 마찬가지로 죽음에도 공부가 필요합니다. 왜냐하면 웰다잉(well-dying, 좋은 죽음)은 웰빙(well-being, 좋은 삶) 못지않게 중요하며, 어떻게 죽을 것인지를 생각하면 지금 어떻게 살 것인지를 절실히 깨닫게 되기 때문입니다.

생의 아름다운 마무리는 지나간 모든 세월과 기꺼이 작별하고, 도래하지 않은 날들에 대해서는 미지의 상태로 열어 둔 채, 지금-이 순간을 흔쾌히 받아들이는 것입니다. 그러므로 사랑하는 사람과의 이별이건, 삶과의 이별 즉 죽음이든 간에, 요란스러운 '헤어짐'이 아닌 '멀어짐'을 삶의 자연스러운 과정으로서 담담하고, 초연하게 받아들이는 '이별의 미학'이 필요합니다. 연꽃을 만나러 가는 바람이 아니라 연꽃을 만나고 가는 바람과도 같이…

    사랑하는 사람아,
    이별을 서러워하지 마라.
    내 나이의 이별이란
    헤어지는 일이 아니라 단지
    멀어지는 일일 뿐이다.
    오세영의 「원시(遠視)」 중에서

하루해가 제 할 일을 다 한 뒤에 서녘 하늘로 넘어가듯이, 우리도 언젠가는 생을 마감하고 무대에서 퇴장해야만 합니다. 그런데 죽음 직전의 짧은 순간에 지나온 세월과 생의 잔상들이 파노라마(panorama)처럼 머릿속을 스칠 것입니다. 착한 삶을 산 사람은 행복한 표정을 지을 것이고, 악한 삶을 산 사람은 불행한 표정을 짓겠지요. 하지만 내가 죽은 뒤에 진정으로 나의 죽음을 아쉬워하거나 슬퍼해 줄 누군가가 있다면, 이 세상에서의 삶이 결코 헛된 것은 아닐 것입니다. 그리고 맑게 갠 날이 아름다운 노을을 남기듯, 인생의 여정을 곱게 마무리했을 때, 그대의 자취는 아름답게 빛날 것입니다.

> 살 때는 삶에 철저해 그 전부를 살아야 하고,
> 죽을 때는 죽음에 철저해 그 전부가 죽어야 한다.
> 꽃은 필 때도 아름다워야 하지만,
> 질 때도 아름다워야 한다.
> 모란처럼 뚝뚝 무너져 내릴 수 있는 게
> 그 얼마나 산뜻한 낙화인가.
> 꽃은 오래 머물지 않아서 아름답다. (…)
> 류시화의 『살아 있는 것은 다 행복하라』 중에서

내가 이제껏 살아온 인생 여정을 되돌아볼 때, 이 아름다운 행성에서 생각할 수 있는 존재이자 느낄 수 있는 존재로서 살아온 것 그 자체가 크나큰 특권이자 행복이었으며, 하느님께 감사해야 할 기적이었습니다.

   수십 년 전 나는
   삶이란 선물을 받았습니다.

   그리고 오늘
   이 선물을 되돌려 주려 합니다.

   하늘과 바람과 달과 별
   바닷가의 산책과 사랑하는 이들의 얼굴

   아, 이 찬란한 세상으로부터
   이제 나는 긴 휴가를 떠납니다.

   슬픔 대신 웃음으로
   나의 휴가를 빛내 주세요.

따라서 두 눈을 감기 전에, '나는 살아오는 동안 경이(驚異)와 결혼한 신부였으며, 세상을 두 팔로 품에 안은 신랑이었다. 또한 하루하루를 새하얀 눈길에 첫발을 찍는 재미로 살았고, 해 보고 싶은 것은 거의 다 해 봤으며, 부여받은 달란트는 후회 없이 활용했다. 이 정도의 인생이면 짱이다. 아주 잘 살았다. 고맙고, 감사하다.' 는 마지막 말을 남기고 이 세상을 하직하고 싶습니다. 또한 이 세상에 올 때는 울면서 왔지만, 갈 때는 웃으면서 가고 싶습니다. 그리고 떠나는 나의 뒷모습이 그저 아름답기만을…

내가 이 세상을 떠날 때
말할 수 있게 하소서.
채찍처럼 살 속을 파고들어도
휘날리는 눈(雪)과
모든 아름다운 것들을
사랑했노라고.
그 아픔을 원망하지 않고
밝은 미소로 받아들이려 애썼다고.
설사 심장이 찢어진다 해도
내 영혼이 닿는 데까지
온 힘을 다해 사랑했노라고.
삶을 삶 자체로 사랑하며
모든 것에 곡조 붙여
아이들처럼 노래했노라고.

사라 티즈데일(Sara Teasdale), 「기도(A Prayer)」

참고 문헌

단행본

고두현. 『시 읽는 CEO』. 21세기북스, 2007.

곽해용. 『60대, 거침없는 인생』. 도서출판 지식공감, 2025.

나태주. 『사랑, 거짓말』. 푸른길, 2013.

달라이 라마·빅터 챈. 류시화 옮김. 『용서』. 오래된미래, 2004.

류시화. 『살아 있는 것은 다 행복하라』. 조화로운삶, 2006.

박광우. 『죽음 공부』. 흐름출판, 2024.

법정. 『아름다운 마무리』. 문학의숲, 2008.

베레나 카스트. 김현정 옮김. 『나이 든다는 것에 관하여』. 을유문화사, 2024.

사색의향기문화원. 『사색의 향기, 아침을 열다』. 위즈덤하우스, 2013.

안드레아 칼라일. 양소하 옮김. 『나는 언제나 늙기를 기다려왔다』.
　　　웅진지식하우스, 2025.

오가와 히토시. 조윤주 옮김. 『인생의 오후에는 철학이 필요하다』. 오아시스, 2025.

오평선. 『꽃길이 따로 있나, 내 삶이 꽃인 것을』. 포레스트북스, 2024.

와타나베 가즈코. 홍성민 옮김. 『당신이 선 자리에서 꽃을 피우세요』.
　　　도서출판 작은 씨앗, 2012.

용혜원. 『황혼까지 아름다운 사랑』. 책이있는마을, 2024.

이채. 『마음이 아름다우니 세상이 아름다워라』. 도서출판 행복에너지, 2014.

이택호. 『죽기 전에, 더 늦기 전에 꼭 해야 할 42가지』. 미래북, 2021.

정호승. 『내 인생에 용기가 되어준 한마디』. 비채, 2013.

차동엽. 『김수환 추기경의 친전』. 위즈앤비즈, 2012.

헬렌 니어링. 전병재 옮김. 『활기찬 노년과 빛나는 죽음을 맞으라』. 빈빈책방, 2022.

신문 · 방송 기사

강경희.【萬物相: 마처 세대】, 조선일보(2024. 06. 05).

───.【萬物相: '혼자가 좋아'】, 조선일보(2024. 01. 17).

고진하.【아침 묵상: "나이가 들수록 불만보다 자족(自足)의 수위를 높여라"】,
중앙일보(2025. 04. 11).

───.【아침 묵상: "우리는 모두 별이 남긴 먼지입니다"】, 중앙일보(2025. 05. 23).

───.【아침 묵상: "익숙함에 속아 소중함을 잃지 말자"】, 중앙일보(2025. 01. 24).

곽아람.【Books: 힘들 때 기대어 울 수 있는 '절친'은 몇 명일까요】,
조선일보(2022. 01. 08).

김겨울.【김겨울의 행복한 북카페: 우리에게 남은 시간】, 중앙일보(2025. 02. 18).

김규나.【김규나의 소설 같은 세상: 인생, 잡을 수 없는 것을 향한 기나긴 여정】,
조선일보(2025. 03. 05).

김윤덕.【萬物相: 아버지의 눈물】, 조선일보(2015. 07. 22).

김철중.【김철중의 생로병사: 싱가포르는 어떻게 새로운 '블루존', 21세기 장수촌이
되었나】, 조선일보(2025. 07. 09).

김태훈.【萬物相: 나훈아의 은퇴 무대】, 조선일보(2024. 04. 29).

───.【萬物相: 마지막 문자 '여보 사랑해'】, 조선일보(2024. 03. 22).

───.【萬物相: '물질적 행복이 최고'】, 조선일보(2021. 11. 23).

───.【萬物相: 용서의 힘】, 조선일보(2024. 09. 10).

김한수.【마음을 찾는 사람들: 과거 · 미래에 대한 생각 많은 게 문제, 살길은 현재에
있다】, 조선일보(2024. 01. 31).

김형태.【어머니: 명사이면서 감탄사】, 기독타임즈(2020. 06. 26).

나연만.【一事一言: 저속 노화 그 다음은…】, 조선일보(2025. 02. 04).

문정희.【아침 논단: 우리를 피로하게 만드는 '너무 많은 것들'】,
조선일보(2012. 09. 03).

박상철.【건강 칼럼: 삶의 목적을 가져라, 장수(長壽)가 따를지니】,

   조선일보(2024. 08. 22).

백영옥.【백영옥의 말과 글: 관점에 관하여】, 조선일보(2025. 06. 21).

─── .【백영옥의 말과 글: 매미와 귀뚜라미의 시간】, 조선일보(2024. 09. 07).

─── .【백영옥의 말과 글: '비교 지옥'을 끝내는 적당한 삶】,

   조선일보(2024. 11. 16).

─── .【백영옥의 말과 글: 살아남은 자의 슬픔】, 조선일보(2021. 11. 29).

서정원.【문화: 나이 든다고 슬퍼 말라… 행복은 50대부터 온다】,

   매일경제(2021. 08. 27).

신동욱.《앵커의 시선: 황혼 이혼》, TV조선(2021. 12. 17).

원동욱.【사회 일반: 인생 이모작 꿈꾸는 'GG세대'】, 중앙일보(2025. 03. 01).

윤세영.【윤세영의 따뜻한 동행: 총각 선생님】, 동아일보(2014. 11. 13).

윤평중.【윤평중의 知天下: '친구는 제2의 자신이다'】, 조선일보(2024. 04. 20).

이승원.【윤동주 80주기 칼럼: 맹신・불신의 시대? 더 엄혹했을 때도 포용을

   노래했다】, 조선일보(2025. 03. 26).

이우영.【이우영의 과학 산책: 케플러, 불행은 꿈을 잉태한다】,

   중앙일보(2025. 02. 30).

이향은.【이향은의 트렌드 터치: 아보하】, 중앙일보(2025. 02. 03).

채환. 《나이가 들수록 혼자가 좋다》. 유튜브 방송(2021. 06. 13).

최여정.【최여정의 다정한 안부: 묵묵히 지켜낸 자리 30년, 그의 정년 퇴임식에서

   내가 울었다】, 조선일보(2024. 07. 14).

황석희.【황석희의 영화 같은 하루: 평생 본 연기 중 최고였어요】,

   조선일보(2025. 06. 05).

한일동 (hid0639@naver.com)

연세대학교 대학원 영어영문학과 졸업 후 육군 중위로 임관하여 육군 제3사관학교 교수로 군 복무를 마치고, 단국대학교 대학원 영어영문학과에서 영문학 박사 학위를 취득한 뒤, 1987년 3월 용인대학교에 부임하여 영어과 교수로 35년간 재직했다. 현재는 용인대학교 인문사회융합대학 영어과 명예교수 및 대신대학교 교양학부 석좌교수로 재임 중이다.

아일랜드 Trinity College Dublin과 University College Dublin에서 아일랜드 문학 및 지역 연구를 했고, 한국예이츠학회 회장, 한국동서비교문학학회 회장, 한국현대영미어문학회 회장, 한국번역학회 회장 등 다수 학회 임원을 역임했으며, 교내에서는 용인대학교 교육방송국 주간, 대학신문사 주간, 입학관리부장, 교양학부장, 국제교육원장, 신문·방송국장, 인문사회융합대학 학장을, 그리고 교외에서는 경북과학대학 이사 등을 역임했다.

주요 연구 업적으로는 『아일랜드 역사 다이제스트 100』 『작지만 강한 나라 아일랜드: 켈트인의 역사와 문화를 찾아서』 『아일랜드: 수난 속에 피어난 문화의 향기』 『누구나 꿈꾸는 나라 영국: 앵글로색슨인의 역사와 문화를 찾아서』 『영국 역사』 『영국 문화 바로 알기』 『영국 문화』 『영미 노벨문학 수상 작가론』 『영문법 기초 다지기』 『기초영어 완성』 『한일동 교수의 세계의 명시 산책』 『우리 아들과 딸이 사랑에 눈뜨던 날』 등 저서, 『행복한 삶을 위한 명상』 『더블린 사람들』 등 역서, 「예이츠의 문학적 이상: 켈트의 황혼」 「예이츠의 사생활과 그의 시」 등 다수의 논문이 있다.

초판 · 2025년 10월 15일

편저자 · 한일동
펴낸이 · 이성모

펴낸곳 · 도서출판 동인
등록 · 제1-1599호
서울시 종로구 혜화로 3길 5 118호
TEL: (02) 765-7145 / FAX: (02) 765-7165
E-mail: donginpub@naver.com
Homepage: www.donginbook.co.kr

ISBN 979-11-94981-15-2　　03810

정가: 23,000원

저자와 연락이 닿지 않아 허락을 받지 못하고 게재한 시가 있습니다.
출판사로 연락을 주시면 허락을 받고 게재료를 지불하겠습니다.